Philippe Dutilleux
Robert Grabczan

Guide d'aide à la création d'un habitat amis des aînés

Philippe Dutilleux
Robert Grabczan

Guide d'aide à la création d'un habitat amis des aînés

Éditions Vie

Imprint

Cover image: www.ingimage.com

Publisher:
Éditions Vie
is a trademark of
International Book Market Service Ltd., member of OmniScriptum Publishing Group
17 Meldrum Street, Beau Bassin 71504, Mauritius

Printed at: see last page
ISBN: 978-613-9-58871-8

Avant-propos

Mourir cela n'est rien,
Mourir la belle affaire,
Mais vieillir,
Oh vieillir !
J. Brel

Le vieillissement de la population des pays développés est une réalité qui va provoquer des mutations de nos sociétés dans les prochaines années. En effet, si le pourcentage des personnes de plus de 65 ans actuellement de l'ordre de 12 % de la population totale, cette proportion atteindra 30 % voire plus en 2050.

Cette évolution est due la diminution de la natalité, à l'arrivée à l'âge de la retraite des enfants du baby-boom et à l'allongement de l'espérance de vie passée de 65 ans en 1950 à 80 ans actuellement. Les personnes qui ont actuellement 60 ans ont une espérance de vie moyenne de 84 ans ; quand elles arriveront à l'âge de 75 ans, leur espérance de vie sera en moyenne de 91 ans car l'espérance de vie augmente d'un an tous les 4 ans. On assistera aussi à une augmentation importante du nombre de personnes très âgées.

Du point de vue des pouvoirs publics, il est grand temps de s'y préparer : pourra-t-on payer les pensions ? Quels aménagements urbanistiques et dispositifs architecturaux faut-il prévoir ? Quels types d'infrastructures de soins faut-il programmer ? Quelles structures d'accueil pour les personnes qui auront perdu leur autonomie faut-il envisager ? etc.

Voilà autant de questions auxquels les pouvoirs publics devront trouver des réponses concrètes.

Mais avant tout, le vieillissement est une réalité qui nous attend tous.

Nous allons tous vieillir. Nous allons tous, une fois arrivés l'âge de la retraite, entamer une nouvelle période de vie qui durera peut-être plus de 25 ans.

Comment vais-je vivre ce 3ème âge caractérisé par le déclin progressif de mes capacités physiques et intellectuelles ?

Comment faire en sorte que cette tranche de vie soit stimulante et épanouissante, malgré les aléas qu'immanquablement je devrai affronter ?

Dans quelles conditions et dans quel environnement vivrai-je ?

Pourrai-je continuer à vivre chez moi jusqu'à mon dernier souffle ?

Comment continuer à me sentir utile ?

Comment continuer à participer à la vie de la cité ?

Comment entretenir mes amitiés, me faire de nouveaux amis et ne pas sombrer dans l'isolement et l'ennui ?

Comment continuer découvrir des nouveautés, nourrir mon enthousiasme et continuer à apprendre ?

Comment entretenir et partager mes compétences, mon expérience ?

Voila des questions que chacun d'entre nous devrait se poser, en particulier à l'approche de l'âge de la retraite.

Parmi ces questions, il en est une qui a retenu notre attention : notre lieu de vie sera-t-il propice à un vieillissement épanoui ou au contraire favorisera-t-il notre isolement et notre ennui quand nos capacités physiques ou intellectuelles déclineront ?

Nous n'avons pas voulu nous contenter de décrire les aménagements techniques et architecturaux recommandable car la levée d'obstacles à la mobilité et la diminution des risques ne garantissent pas à eux seuls le plaisir de vivre et maintien de notre élan vital.

Ce guide est une invitation à remettre en question l'organisation et le fonctionnement de notre lieu de vie, à reconsidérer nos liens sociaux qui contribuent grandement au contribuent grandement au maintien de notre élan vital.

Fruit de l'expérience et des avis croisés de personnes du 3ème âge, de professionnels des soins et services à domicile, d'infirmières, de médecins généralistes et gériatres, de psychologues, d'architectes, de sociologues et d'associations diverses concernées par le vieillissement des personnes, ce guide veut bousculer les idées reçues et proposer un regard différent sur le « vivre ensemble ».

C'est à l'approche ou au début de la retraite – lorsqu'on est encore en pleine possession de ses moyens et que l'on a du temps devant soi – qu'il faut entamer tout ce questionnement sur le lieu de vie qui nous abritera, si possible jusqu'au dernier jour.

Un tel exercice prendra du temps : 3 à 5 années se passeront entre le début de la réflexion et l'installation concrète dans ce nouveau cadre de vie. Quand les limitations physiques ou intellectuelles apparaissent, il est un peu tard pour entamer cette démarche.

Il importe donc de penser suffisamment tôt à plus tard.

Philippe Dutilleux
Médecin généraliste
Président de l'asbl Qualidom
www.qualidom.be

Robert Grabczan
Ingénieur civil architecte
Assistant à la faculté LOCI (UCL)
www.grabczan.archi

Préambule
Qu'est-ce que le vieillissement ?

Sauf accident, la vie de chacun d'entre nous se compose de deux parties : la première partie est marquée par l'accroissement de toutes nos capacités et la deuxième par leur déclin.

On peut considérer que vers l'âge de 50 ans nous avons atteint le maximum de nos capacités.

> *Nous entendons par **capacités totales** l'ensemble de nos capacités physiques, intellectuelles, relationnelle, financières, professionnelles, sociales, etc., et le temps dont on dispose pour les utiliser.*

Après 50 ans nos capacités vont progressivement décliner. Cette dégradation des capacités est inéluctable mais variable d'une personne à l'autre et peut parfois brutalement s'accentuer à l'occasion d'un accident de santé.

Pour assurer nos besoins de base nous utilisons une partie de nos capacités, ce sont ce que nous appellerons les **capacités requises.**

Nos besoins de base sont :

- s'alimenter, c'est- à-dire : faire les courses, les apporter à la maison, les ranger, cuisiner, mettre la table, manger, boire, faire la vaisselle, ranger , trier les déchets, éliminer les déchets ;
- veiller à notre hygiène, c'est-à-dire acheter les vêtements et les produits d'hygiène, se laver, s'habiller, se couper les cheveux, les ongles, aller à la toilette ;
- se lever le matin, se mettre au lit, faire son lit ;
- entretenir son lieu de vie avec tout ce que cela comporte : achat et stockage des produits d'entretien, nettoyage des sols, des fenêtres, prise des poussières rangements, évacuation des déchets, entretien du jardin et des abords, les

petites réparations, commande et gestion des corps de métiers qui doivent intervenir (ramoneur, chauffagiste), etc. ;
- gérer son lieu de vie, c'est-à-dire, payer les factures, commander du gasoil de chauffage, payer les taxes, les assurances et fournitures d'énergie, de téléphonie, d'internet, etc.
- se déplacer à l'intérieur et à l'extérieur.

Toutes ces tâches sont indispensables à notre survie et doivent être accomplies tout au long de notre vie. Avant la retraite il faut aussi y inclure les capacités et le temps requis pour travailler.

Les **capacités résiduelles** sont celles que nous utilisons pour nous distraire, pour avoir une vie culturelle, sportive, sociale, relationnelle, etc.

L'utilisation de ces capacités résiduelles donne le plaisir de vivre, donne du sens à la vie, entretient l'élan vital, c'est-à-dire l'envie de continuer à vivre. La mise à la retraite libère en une fois une grande quantité de capacités résiduelles qui, si on n'y est pas préparé, ne seront pas pleinement utilisées, ce qui peut se traduire par de l'ennui.

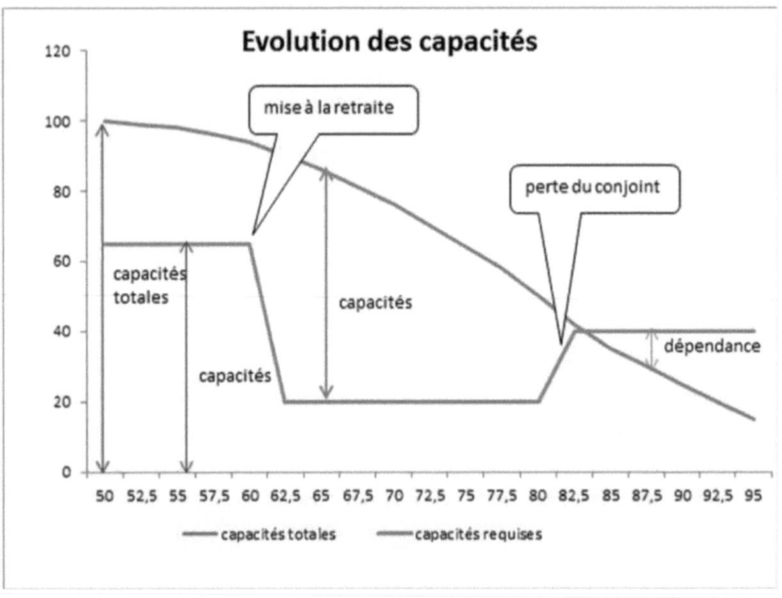

Comme les capacités totales diminuent au fil des ans et que les capacités requises pour assurer nos besoins de base ne diminuent pas, les capacités résiduelles diminuent.

Quand un des conjoints disparaît ou perd ses capacités, l'autre doit bien assumer les tâches qu'accomplissait son conjoint, et pour cela il mobilise encore plus de capacités, ce qui diminue d'autant les capacités résiduelles.

Un jour les courbes se croisent, c'est-à-dire que toutes nos capacités sont mobilisées pour assurer nos besoins de base et il ne reste aucune capacité pour maintenir notre élan vital. Nous entrons alors dans la dépendance en faisant appel à des services extérieurs pour assurer les besoins de base que nous ne pouvons plus assumer faute de capacités.

Les dernières années de vie se passent alors dans la dépendance et sans possibilité d'entretenir son élan vital et son plaisir de vivre faute de capacités résiduelles.

Un jour la dépendance devient telle qu'elle nécessite de quitter son chez soi pour aller « finir ses jours » dans une maison de retraite.

L'ambition du concept « Habitat Ami Des Aînés » est d'abaisser précocement le niveau des capacités requises pour maintenir plus longtemps les capacités résiduelles et partant l'élan vital et le plaisir de vivre et ainsi retarder d'autant l'entrée dans la dépendance.

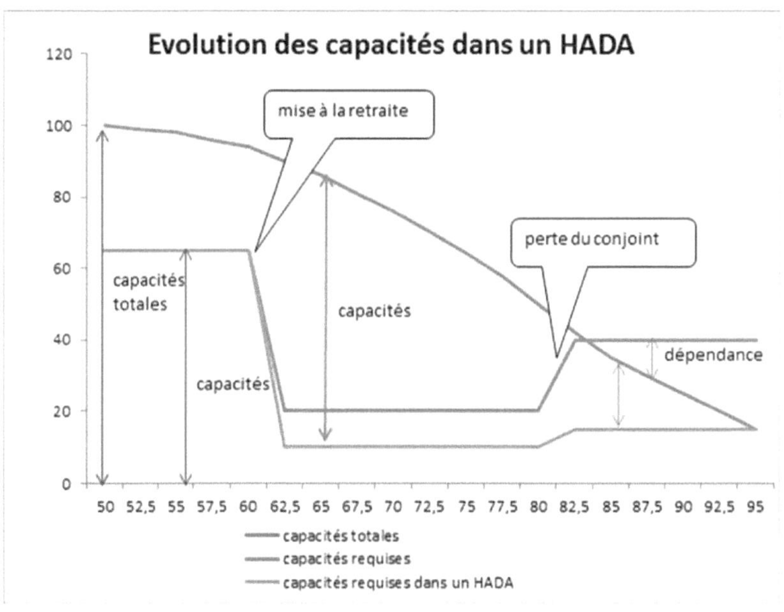

Chapitre 1
« Un habitat ami des Aînes » ?

Rêvons un peu…

Vous avez entre 60 et 70 ans, les enfants ont quitté la maison et se sont installées parfois bien loin. La maison qui les a vu grandir et dont vous avez rêvé pour votre famille devient bien grande.

Vous voilà à la retraite et cette maison avec un beau jardin, au calme à la campagne ou dans un quartier résidentiel, une fois que vous y avez fait tout ce que vous n'aviez pas le temps de faire quand votre activité professionnelle vous occupait, devient progressivement une charge. La vue par la fenêtre donnant sur le jardin ou la campagne où il ne se passe rien commence à vous ennuyer et surtout vous ne voyez plus personne : les collègues, les clients, les fournisseurs ont disparu ; les voisins travaillent, vous ne les voyez que le week-end et encore.

Alors pour voir du monde, il faut prendre sa voiture pour vous rendre là où il y a de l'activité, là où sont vos amis,… quand ils sont disponibles.

Entre-temps, vous tournez en rond et vous vous occupez comme vous pouvez.

Le jour où vous ne pourrez plus conduire, vous ne verrez plus que ceux qui viennent vous voir.

Le jour où vous serez veuve ou veuf, vous serez vraiment isolé et de plus en plus dépendant des services d'aide à domicile qui seront vos derniers contacts relationnels.

Le jour où votre santé limitera tellement votre autonomie que vivre seul(e) à la maison sera impossible, vous serez placé(e) dans une maison de repos que, sans doute, vous n'aurez même pas pu choisir, tellement les places disponibles sont rares.

Alors vous vous direz peut-être…

« Ah ! Si j'avais pensé à m'installer dans un domicile adapté à mon vieillissement quand j'avais encore l'énergie pour m'investir dans un nouveau projet de vie…

Pour les 20 ou 25 ans qui me restaient à vivre, j'aurais pu habiter dans un endroit qui donne du sens à ma vie, tout en me libérant de ce qui me pèse et me limite au quotidien. Un endroit où je pourrais consacrer mon temps et mes capacités à vivre mes passions, à lier de nouvelles amitiés, à faire des activités, à faire des projets…

J'aurais voulu ne pas me sentir seul, être sécurisé par l'empathie et la solidarité de mes voisins, pouvoir encore être utile, partager mes compétences, les maintenir, exprimer mes talents, rire et faire la fête…

Idéalement, il faudrait que tous mes voisins n'aient pas tous le même âge. Les plus jeunes apporteraient un soutien aux plus âgés, soutien dont ils bénéficieront quelques années plus tard quand les plus âgés seront remplacés par des plus jeunes.

Pour cela, il ne faudrait pas que cet endroit soit perdu à la campagne, mais bien en lien avec des lieux de vie proches tels que des écoles, des services, des magasins : là où il y a de l'animation, de la vie.

Entre voisins, avec lesquels il serait facile d'entrer en contact, on pourrait organiser des excursions, se partager les tâches, s'entraider.

Il faudrait dès lors avoir à disposition des locaux qui permettent une convivialité spontanée, la réalisations de projets ou d'activités collectives : par exemple, une salle commune où il est possible de prendre le café, jouer aux cartes ou faire des repas de fête. On pourrait y donner des cours de gymnastique adaptés à nos âges ou assurer un accueil post scolaire pour les enfants du quartier ou faire des concours de tarte et pourquoi pas disposer d'une piste de pétanque, d'un potager collectif, d'un rucher ou d'un poulailler,… on peut rêver.

J'aurais aussi souhaité être libéré des soucis de l'administration de la maison (assurances, taxes, fournisseurs d'énergie, de téléphone, d'internet), avoir facilement un coup de main pour les petites réparations, pour mes déplacements ou pour faire mes courses, si j'ai des difficultés de mobilité ou de vue.

Tout cela en gardant mon « chez moi », mon intimité et en étant libre de faire ce que je veux/peux quand je veux/peux, comme je veux/peux.

Cerise sur le gâteau : il faudrait que ma pension me permette de m'offrir tout cela et encore bien plus et que, si j'y ai investi mes économies, je puisse les retrouver facilement en cas de besoin ou les transmettre sans problème à mes enfants.

Je rêve ?

Eh bien non vous ne rêvez pas : un HABITAT AMI DES AINES (HADA), c'est ça !

L'intention d'un HADA est de proposer un lieu de vie pour les personnes du 3ème âge qui leur offre les caractéristiques architecturales, organisationnelles et fonctionnelles telles que le 3ème âge ne soit plus vécu comme l'âge de la perte de l'élan vital, de la perte du sens de la vie, de la solitude, de l'ennui, du sentiment d'inutilité et de la culpabilisation de devenir une charge pour la société. Un lieu de vie qui garantisse la sécurité, la facilité d'usage et l'absence d'obstacle physique au maintien de leur élan vital lorsque l'autonomie s'estompe.

Pour ce faire il faut mettre en place les conditions et dispositifs qui :

– entretiennent le lien social entre les habitants,

– donnent un rôle, une responsabilité à chacun,

– favorisent le maintien et l'usage des compétences de chacun,

– favorisent la créativité et les projets collectifs,

– renforcent le sentiment de sécurité,

– favorisent la solidarité et l'empathie entre les habitants,

– favorisent le contact et les relations avec l'extérieur de l'habitat,

– donnent la possibilité d'avoir une utilité sociale dans l'environnement de l'habitat,

– réduisent les coûts afin que ce type d'habitat soit accessible au plus grand nombre,

– facilitent la gestion administrative,

– réduisent les charges et les contraintes individuelles,

– facilitent la transmission du patrimoine,

– réduisent autant que possible l'impact des pertes d'autonomie sur les capacités de déplacement et de communication de ses habitants.

Chapitre 2
Comment s'y prendre pour créer un « HADA » ?

Un HADA n'est pas un bien que l'on achète.

C'est un projet de vie.

Un projet de vie qu'il faut bien préparer et construire avec patience et créativité.

C'est un espoir ou un rêve qu'il faut concrétiser.

Un HADA n'atteindra son objectif que s'il est le fruit d'un désir, d'une ambition et d'un engagement personnel de tous ses habitants.

Comment constituer un groupe d'habitants animés par les mêmes envies, prêts à s'accorder sur un même projet architectural, un même mode de fonctionnement, prêts à s'engager personnellement au travers de la signature d'une charte de solidarité et de convivialité ?

C'est le point le plus délicat.

Mener à bien un tel projet ne s'improvise pas.

C'est pour cela qu'il nous paraît indispensable que dès le début du projet le(s) candidat(s) soi(en)t aidé(s) par un *coach*.

Celui pourra vous aider :

- ✓ à trouver des candidats habitants,
- ✓ à définir le programme avec eux : choisir l'implantation, définir les facilités, les espaces partagés, le mode de gestion, les équipements, le budget, le mode de financement, faire visiter des projets qui fonctionnent bien, etc.
- ✓ à rédiger la charte de solidarité et de convivialité et, si c'est la formule que vous choisissez, à rédiger les statuts de la coopérative d'habitation (voir plus loin),
- ✓ à imaginer avec l'architecte conception architecturale.

Il pourra vous accompagner dans la réalisation et la mise en route de votre projet jusqu'à ce que les objectifs soient atteints. En cas de difficulté ou de conflit, il pourra servir de médiateur et veiller à ce que la philosophie du projet et ses objectifs perdurent dans le temps.

Il nous paraît important de ne contacter un architecte que lorsque vous aurez défini ensemble votre projet avec assez de précisions. Ensuite, c'est à l'auteur de projet d'architecture traduire vos désirs en une proposition architecturale.

En Belgique : l'asbl « Habitat et Participation » peut vous mettre en relation avec un *coach.*

Tél : 010/45.06.04. www.habitat-participation.be

En France : l'association « Eco Habitat Groupé » pourra vous orienté vers une association similaire de votre région.

Tél : 04 74 95 56 98 www.ecohabitatgroupe.fr

Au Quebec : www.batirsonquartier.com

Chapitre 3
Caractéristiques générales de l'HADA

Voici une série de points auxquels nous vous invitons à réfléchir.

Vous pourrez y puiser l'inspiration et construire votre propre projet. Il n'est pas nécessaire d'adopter toutes les propositions évoquées ci-dessous pour créer un HADA, mais plus vous en intégrerez dans votre projet, plus il aura de chances de réussir, mais aussi, plus vous devrez, sans doute, renoncer àvos habitudes et idées reçues.

DEFINITIONS

Habitat : immeuble à appartements ou ensemble de maisons contiguës ou très proches. (cité-jardin par ex.)
Logement : un appartement ou une maison.
Habitant : la ou les personnes qui occupent le logement.

1- L'IMPLANTATION

L'habitat devrait de préférence être situé au cœur ou à proximité d'un tissu bâti (ville, village), comportant des services à la personne (commerces, administrations, pharmacie, médecins, etc.) ou être relié à celui-ci par un système de transport interne à l'habitat ou externe facilement accessible.

Cette implantation devrait aussi permettre l'interaction entre les habitants de l'Habitat Amis Des Aînés et les habitants du voisinage.

2- LES CARACTERISTIQUES ARCHITECTURALES ET TECHNIQUES

Ces caractéristiques sont développées dans le chapitre 4 et 5.

Elles ont été pensées pour que, au fur et à mesure de son vieillissement et de la diminution de ses capacités (vue, ouïe, mobilité, équilibre etc.), la personne aie le moins possible de réduction de son autonomie.

> *Un jeune retraité n'aura sans doute pas de problème si il y a des marches à franchir ou une porte à pousser pour aller du salon à la chambre à coucher, mais quelques années plus tard ces marches pourraient devenir un obstacle insurmontable s'il se déplace en chaise roulante.*

3- LE NOMBRE DE LOGEMENTS

Nous conseillons que l'habitat soit composé d'un ensemble homogène de 10 à 20 logements, contigus ou très proches.

> *S'il y a moins de 10 logements : il y aura des difficultés à rassembler une large palette d'âges. La solidarité et le partage des charges retomberont sur un trop petit nombre d'habitants.*
>
> *S'il y a plus de 20 logements : des sous-groupes risquent de se former. Le partage des charges et responsabilités risque de se diluer et chacun risque de se sentir moins responsable du bon fonctionnement de l'habitat.*

4- LES ESPACES PARTAGES

L'habitat devrait comporter des espaces partagés.

Ces espaces sont très utiles pour faciliter le lien social, la solidarité et la convivialité entre les habitants. Ils permettent de faire des choses ensemble et même d'interagir avec le voisinage en y organisant des activités ouvertes aux habitants du quartier.

Ces espaces partagés permettent aussi de faire des économies d'échelle et de réduire la surface des logements.

> *Il n'est pas nécessaire de disposer dans chaque logement d'une chambre d'amis, qui n'est utilisée que quand les enfants (ou les petits-enfants) reviennent, ni d'un local dédié au nettoyage du linge, d'une grande salle à manger, si il y a dans l'habitat un studio à disposition des visiteurs occasionnels, un lavoir commun et une salle commune à disposition de chacun.*

Une ou plusieurs salles communes.

> Ces salles pourraient avoir de nombreux usages : repas collectifs, fêtes de famille, salle de cours de gymnastique, fête des voisins, accueil post-scolaire des enfants du quartier, petit marché de produits locaux, cours de cuisine, séances de cinéma, fêtes en tous genre, etc.

On peut imaginer que cette salle soit comme un petit pub avec des fauteuils confortables, une bibliothèque, un home-cinéma, un coin pour jouer aux cartes…

On peut prévoir d'autres petites salles pour des réunions, ou un atelier de bricolage…

Il faut veiller à y faire entrer la lumière naturelle par de grandes fenêtres permettant de voir d'un côté ce qui se passe dans la rue, de voir qui vient et, de l'autre côté, avoir une ouverture vers des espaces extérieurs partagés (grande terrasse et/ou idéalement un jardin).

Un lavoir commun.

Un couple âgé utilise peu sa machine à lessiver qui encombre la cuisine, la salle de bain ou nécessite un local spécifique. Le lavoir est un lieu supplémentaire de convivialité, de rencontres et d'entraide.

Des chambres d'amis communes.

Lorsque les enfants viennent rendre visite à leurs parents, ils disposent d'une chambre confortable avec salle de bains et petit séjour qui leur permettra de passer quelques jours auprès de leurs parents ou grands-parents, sans être dans leurs pieds toute la journée.

Ce studio peut également être mis à disposition des candidats habitants pour tester leur intégration dans l'habitat.

Un espace destiné à accueillir les véhicules électriques individuels.

Un jardin.

Il devrait être facilement accessible depuis la salle commune via une terrasse. Ce jardin pourra être un lieu de vie et d'activités communautaire : barbecue, terrain de pétanque, poulailler, jardin potager, rucher,…

Une salle de bien-être.

Une table de massage pour faciliter les soins du kiné, une grande baignoire et quelques appareils de fitness, un sauna ou même une piscine… on peut rêver…

5- FACILITES

Les facilités sont des dispositifs qui rendent simples et faciles les tâches qui deviennent compliquées ou difficiles lorsque l'avancée en âge altère la capacité de les exécuter. Voici une série de facilités que nous conseillons.

Une organisation interne pour le transport des personnes.

Par exemple, un véhicule collectif pour aller faire les courses ensemble ou quelques vélos électriques ou encore des mini véhicules individuels à disposition des habitants.

Est-il nécessaire d'avoir chacun sa voiture ? Les espaces de parking et de garage ainsi économisés permettent de transférer ces investissements vers les espaces partagés.

Un système interne facilitant le transport des charges.

On peut prévoir des caddies à chaque étage pour tous les petits transports (courses, poubelles, linge vers le lavoir,...).

Un système de communication interne et d'appel aux secours.

Il est très important pour les personnes âgées de savoir qu'elles peuvent appeler à l'aide en cas de problème et être rapidement secourues par des personnes qu'elles connaissent. Divers systèmes sont possibles. Le développement des applications sur Smartphone permettent d'envisager différentes formules comme par exemple : un abonnement de téléphonie mobile collectif avec appels illimités entre les différents numéros du même abonnement et, sur chaque appareil, un numéro préprogrammé qui appelle l'un ou l'autre voisin en cas de problème.

Un système facilitant la gestion des déchets.

Par exemple à chaque étage, un local avec des conteneurs sélectifs et une organisation interne chargée d'évacuer ces déchets.

Comment transporter ses déchets triés à la déchetterie quand on est une dame seule de 90 ans ?

Un système de vidéo-parlophonie portable.

Par exemple, une application de Smartphone qui permette de voir et de parler à qui sonne à la porte et de lui ouvrir la porte d'où que l'on soit dans l'habitat ou même en déplacement à l'extérieur.

Combien de personnes dont la mobilité est précaire ne sont pas tombées en essayant d'atteindre le parlophone placé à côté de la porte d'entrée ?

Des couloirs conçus comme les rues d'un village.

Larges, dotés de bancs pour faire la causette, éclairés par de grandes fenêtres, ils ne devraient pas être aveugles. Nous suggérons que les logements disposent de fenêtres donnant dans le couloir, ce qui permet une communication aisée entre voisins sans pénétrer dans leur intimité.

6- LE CARACTERE MULTI-GENERATIONNEL

Il faut aussi veiller à ce que les différentes tranches d'âge soient représentées dans le HADA. La présence de jeunes couples avec enfants est souhaitable. La mixité peut s'étendre aussi à la présence d'adultes handicapés.

par exemple : 20 % de couples avec jeunes enfants et 20 % de logements occupés par chaque tranche de 10 ans à partir de 60 ans.

On peut imaginer la présence dans l'habitat de trois générations (voire quatre si on compte les arrière-petits-enfants) de la même famille.

Lorsqu'un logement devient vacant, c'est l'Assemblée Générale des Habitants (AGH) qui devrait pouvoir choisir le futur habitant en se basant sur cette règle.

La présence d'enfants est très importante pour les personnes vieillissantes, de même que le contact des enfants avec les personnes âgées est très enrichissant. Chacun peut apporter quelque chose à l'autre : de l'affection, une transmission des savoirs, des coups de mains…

Il y aura certainement des candidat(e) s pour assurer l'accueil après l'école ou pour aider aux devoirs ou faire du baby-sitting, ce qui soulagera les parents qui, à leur tour, pourront donner un coup de main aux personnes plus âgées.

7- LA GESTION ET LE PARTAGE DES RESPONSABILITES

Le secret du maintien de l'élan vital tient beaucoup à la qualité des liens sociaux que l'on entretient et au sentiment de ne pas être une charge pour ses proches.

L'objectif premier du HADA consiste à maintenir cet élan vital tout au long du vieillissement de ses habitants.

Pour cela, il faut que les habitants du HADA ne soient pas des assistés mais s'assistent les uns les autres en se partageant les différentes tâches et responsabilités nécessaires au bon fonctionnement de l'habitat.

Cette interdépendance renforcera le lien social et stimulera l'élan vital de chacun qui, investi d'une responsabilité, se sentira utile et nécessaire pour assurer le bien-être de tous les habitants.

C'est pourquoi, l'habitat gagnerait à être géré entièrement par ses habitants.

En fonction de ses compétences, chaque habitant pourrait assumer une responsabilité qui lui serait attribuée par l'Assemblée Générale des Habitants : l'un s'occupe de la gestion du studio d'amis, l'autre de la gestion de la salle communautaire, d'autres de la gestion du système de transport, de l'entretien du jardin, la maintenance du bâtiment, la solidarité entre les habitants, les activités de convivialité, les relations avec l'extérieur etc.

> *Ceci explique aussi pourquoi le nombre de logements doit être suffisant pour que toutes ces tâches soient bien réparties entre les habitants et pas trop lourdes à porter par chacun.*

A défaut de compétences internes bénévoles ou de volonté des habitants d'assumer eux-mêmes certaines de ces responsabilités, elles pourraient être confiées à des personnes, des organismes ou des sociétés extérieures. Ces dispositions alourdiront évidemment les charges communes et risquent de réduire la dynamique de l'habitat.

A notre avis, cette interdépendance ne sera opérationnelle que si elle est officialisée par la signature d'une **charte de solidarité et de convivialité**, par laquelle chaque habitant s'engage devant les autres à gérer un des aspects du fonctionnement de l'habitat et à veiller à la bonne entente et à la solidarité entre les habitants.

Le coach pourra vous aider à rédiger cette charte.

8- ACCESSIBLE AU PLUS GRAND NOMBRE

L'Assemblée Générale des Habitants (AGH), avec l'aide du coach, en fonction du budget dont disposent les habitants, choisit le niveau d'équipement et de confort de l'HADA.

Le coût de la vie dans l'habitat pourra être réduit par une série de dispositifs :

- ✓ Si le bâtiment est autonome en énergie (construction passive, panneaux photovoltaïque) et doté d'une gestion intelligente de l'eau, les coûts liés à ces postes seront très réduits.
- ✓ La mutualisation des coûts (assurance, téléphonie, d'accès à l'internet, abonnement aux journaux, etc.) permet de négocier des tarifs plus avantageux qu'une négociation individuelle de chaque habitant, ce qui, pour les plus âgés, est souvent une tâche insurmontable.
- ✓ L'autogestion par les habitants évitera les frais d'un syndic ou d'un comptable ; il faudra cependant prévoir les honoraires du *coach*.
- ✓ La solidarité, l'entraide entre les habitants éviteront des coûts liés à des intervenants extérieurs (homme-à-tout-faire, jardinier, baby-sitter, garde-malade, repas livrés, syndic etc…).
- ✓ Le système de transport collectif dispensera certains habitants des frais d'une voiture individuelle ou des frais de taxi.

- ✓ Les achats groupés de nourriture ou les repas collectifs permettront des économies d'échelle, etc.

Si l'HADA est constituée en coopérative d'habitation (voir ci-dessous), l'AGH pourra aussi gérer les questions administratives et financières : les loyers, la distribution des dividendes, la réserve éventuelle pour les réparations et investissements, la cagnotte pour les fournitures d'énergie, d'eau, de services télécom et autres media, les assurances, les taxes et redevances. A ce niveau également pourront se faire des économies d'échelle.

L'intention est aussi de décharger le plus possible les personnes les plus âgées des soucis administratifs et financiers.

9– FAUT-IL LOUER OU ACHETER SON LOGEMENT ?

Nous vous invitons à réfléchir à ce point important.

Acheter, c'est immobiliser un capital dont nous aurons peut-être un jour besoin ou dont nous voudrions faire profiter nos enfants.

Louer, c'est se mettre une charge parfois lourde sur le dos, charge dont on ne peut se défaire.

D'autres formules existent et méritent d'être envisagées même si elles bouleversent les habitudes.

Prenons l'exemple de la **coopérative d'habitation.**

Cette formule de propriété – peu connue en Belgique et en France – rencontre beaucoup de succès en Grande Bretagne, au Québec et en Suisse, en particulier à Zürich et à Genève, où plusieurs milliers de logements sont gérées par des sociétés coopératives d'habitation.

La coopérative d'habitation permet de réduire les coûts du loyer d'un logement, de réduire les frais de fonctionnement en mutualisant toutes les charges, (ce qui permet de mieux les négocier), et d'alléger la charge administrative individuelle. C'est la coopérative qui souscrit une assurance incendie pour tout le bâtiment et non chaque habitant, idem pour le raccordement électrique, le raccordement à l'eau, les taxes d'habitation, le raccordement téléphone/tv/internet/téléphonie portable, etc.

La coopérative facilite la transmission du logement à de nouveaux habitants ou aux héritiers.

Elle permet un placement utile de ses économies et d'en faciliter la mobilisation en cas de besoin.

Différentes formules existent. Ce sont les habitants eux-mêmes qui peuvent, avec l'aide du coach, en rédiger les statuts et déterminer son mode de fonctionnement.

Comment procéder ?

Une fois que le groupe des habitants est constitué et qu'il s'est mis d'accord sur l'implantation, le niveau d'équipement, les espaces partagés, les facilités, le mode de fonctionnement, la charte de solidarité et de convivialité, etc. chacun met sur la table les capitaux dont il dispose (économies, placement, titres, valeur du logement actuel, emprunt bancaire…).

Le capital ainsi constitué sera divisé en parts d'une valeur égale. Chaque habitant recevra un nombre de parts correspondant au capital qu'il a apporté au fur et à mesure que celui-ci sera libéré.

L'architecte disposera ainsi du budget auquel il devra se tenir.

Si le capital constitué est insuffisant pour réaliser le programme souhaité par les habitants, il faudra soit rechercher des capitaux supplémentaires en s'adressant aux parents proches des habitants (frères, sœurs, enfants) qu'il faudra convaincre de placer leurs économies dans la coopérative plutôt qu'en bourse ou en placement à long terme. (voir ci-après le rendement potentiel de ces placements et la manière de retrouver l'argent placé), soit revoir les ambitions du projet à la baisse…

Pour les habitants comme pour leurs proches, ce placement est éthique, a du sens et est source d'un bien-être perceptible pour le détenteur d'un capital : l'habitant est logé dans les conditions dont il rêve, les proches seront heureux d'y avoir contribué sans se ruiner.

Exemples de principes qui peuvent servir de base à la rédaction des statuts d'une coopérative d'habitation.

> La coopérative est une personne morale dont les membres sont des personnes physiques qui ont acquis ou reçu des parts de la coopérative. Ces personnes sont appelées coopérateurs.
>
> La coopérative est propriétaire de l'habitat.
>
> La coopérative ne peut être propriétaire que d'un seul habitat. (*Afin que les habitants soient les seuls maîtres de ce qui concerne leur habitat)*
>
> La valeur d'une part de la coopérative est fixée dans les statuts lors de sa constitution. Elle ne peut être modifiée *(pas de spéculation sur la valeur des parts).* Cette valeur est égale au prix d'achat de l'habitat divisé par le nombre de parts de la coopérative.
>
> Le nombre de parts ne peut être inférieur au nombre de logements de l'habitat.
>
> Le nombre de parts ne peut être supérieur à X fois le nombre de logements

de l'habitat, sauf si l'Assemblée Générale Coopérateurs (AGC) décide d'émettre des nouvelles parts pour financer une amélioration ou un gros entretien de l'habitat.
L'AGC établit le nombre de parts que vaut chaque logement.
La valeur des espaces communs et des espaces partagés est incluse dans la valeur de chaque logement.
L'AGC fixe chaque année le montant du dividende des parts.
Celui-ci correspond à un pourcentage de la valeur d'une part.
L'AGC peut par exemple décider que le dividende ne peut être supérieur au taux d'inflation de l'année précédente ou au taux d'intérêt d'un carnet d'épargne.

> *Le but de l'opération n'est pas d'enrichir les porteurs de parts mais bien de permettre au plus grand nombre d'avoir accès à un logement par un loyer très bas tout en rapportant un intérêt raisonnable aux porteurs de parts.*

Pour occuper un logement, il faut être un coopérateur et donc de posséder au moins une part.
Le loyer annuel d'un logement est égal au dividende multiplié par le nombre de parts que vaut le logement.
Ce loyer est versé à la coopérative qui le redistribue sous forme de dividende aux coopérateurs selon le nombre de parts dont ils sont porteurs. Ainsi celui qui est porteur d'un nombre de parts égal à la valeur de son logement ne payera pas de loyer. Celui qui est porteur d'un nombre de parts inférieur à la valeur de son logement payera un loyer équivalent au dividende des parts dont il n'est pas porteur. Celui qui possède plus de parts que la valeur de son logement percevra le dividende de ses parts excédentaires.

> *Exemple : si le dividende est fixé par l'AGC à 1 %, pour un logement valorisé à 300.000€, le loyer sera de 3.000€ / an, soit 250 € par mois, dont il faut déduire le dividende des parts portées par l'habitant du logement.*

L'Assemblée Générale des Coopérateurs se réunit au moins une fois par an.
Elle désigne pour un mandat d'une durée d'un an son président, son secrétaire et son trésorier. Ils peuvent être réélus d'année en année.
Lors des votes, chaque porteur de parts dispose d'une voix par famille, quelque soit le nombre de parts qu'ils portent. Par famille, il faut entendre : une personne seule, un couple marié ou cohabitant ou un habitant et l'ensemble de ses parents au premier degré.

Les décisions se prennent à la majorité simple des voix présentes ou représentées, sauf s'il s'agit de modifier les statuts de la coopérative.
Dans ce cas les décisions sont prises par une majorité des deux tiers des voix arrondis à l'unité supérieure.

L'objectif de ces dispositions est d'éviter que le pouvoir soit pris par les gros porteurs de parts ou par des investisseurs étrangers au projet.

Avec ces dispositions, chaque habitant a les mêmes droits et le même poids dans les décisions de la coopérative.

L'Assemblée Générale peut décider d'émettre de nouvelles parts uniquement pour financer une amélioration de l'habitat ou un entretien exceptionnel.
Lors de la constitution de la coopérative, les parts seront vendues en priorité aux futurs habitants. Ensuite elles seront proposées aux parents au 1er degré des futurs habitants.

L'objectif est que les coopérateurs et leur famille proche investissent leurs économies dans la coopérative. C'est un placement qui, certes, rapporte peu en terme financier, mais qui a du sens et qui apporte beaucoup en qualité de vie.

En cas de départ d'un des habitants ou en cas de décès, ses parts seront vendues en priorité au nouvel occupant du logement qui devra faire l'acquisition d'au moins une part. Ensuite, elles seront proposées aux autres habitants puis aux parents au 1er degré des habitants.
A défaut, les parts restantes seront vendues à une banque solidaire du projet qui ne pourra les revendre qu'aux coopérateurs ou à leurs parents proches.
Un coopérateur peut revendre ou donner ses parts selon la même règle. S'il est un habitant, il doit cependant rester porteur d'au moins une part.

Le troisième âge n'est pas l'âge où on doit s'enrichir ou faire des économies, au contraire, c'est l'âge où il faut utiliser les économies que l'on a faites pour ses vieux jours.

Placer ses économies de manière à faire vivre un projet dont on bénéfice n'est que sagesse.
La formule des parts de coopérative est aussi très intéressante pour mobiliser son épargne en cas de besoin : il suffit de revendre quelques parts. C'est plus facile que de revendre un morceau d'un appartement dont on est propriétaire !
Il n'y a pas de droits de donation sur les parts : vous pouvez donner vos parts à vos enfants, tout en en gardant l'usufruit. Vous ne serez privés de rien et

après votre décès, ils retrouveront votre capital en revendant les parts au nouvel occupant du logement ou à d'autres coopérateurs.
Pour les prises de décision de l'AGC, chaque logement possède une seule voix, quel que soit le nombre de personnes qui l'occupent et quel que soit le nombre de parts détenues par les habitants du logement.
En sa qualité de propriétaire de l'habitat, la coopérative négociera les contrats de fournitures et de services pour l'ensemble de l'habitat.

Ces dispositions sont données à titre d'exemple. Chaque projet peut évidemment prendre des dispositions différentes.

Plus d'infos sur les coopératives d'habitation sur : http://cursus.edu/dossiers-articles/articles/8641/habitat-cooperatif-sur-toile-francophone/#.WGjTgHd7TGI

Chapitre 4
Caractéristiques architecturales

Ce chapitre et le suivant sont à soumettre à votre architecte dès la première entrevue. Ils vous seront utiles pour vérifier si les plans qu'il propose intègrent bien toutes les caractéristiques recommandées.

GENERALITES

S'il n'est pas perturbant pour une personne valide de vivre dans un environnement adapté aux personnes âgées, un environnement non adapté peut être source d'inconfort, d'isolement et d'accident pour une personne âgée atteinte de limitations fonctionnelles ou sensitives.

Les difficultés propres aux personnes âgées, que l'environnement adapté peut éviter, sont :

- ✓ Le froid (avoir froid notamment aux pieds est une plainte récurrente des personnes âgées).
- ✓ La surchauffe lors des canicules, (source de malaise et de déshydratation).
- ✓ Les chutes par perte d'équilibre ou trébuchement et leurs conséquences (rester sur un sol froid et dur).
- ✓ L'inaccessibilité des lieux (trop éloigné ou en haut d'un escalier ou derrière une porte lourde).
- ✓ L'inaccessibilité des commandes (porte dans un couloir étroit ou poignées de fenêtre élevées quand on est en chaise roulante, interrupteurs dans les couloirs aveugles…).
- ✓ L'inaccessibilité des objets (armoires trop hautes ou trop basses).

En conséquence :

- Il faut prévoir un chauffage par le sol et un système de climatisation.

- Il faut réduire autant que possible les risques de chute, et donc, prévoir partout des mains courantes, des points d'appui.
- Il faut réduire le nombre de portes, tout en préservant l'intimité de chacun.
- Chaque fois que c'est possible, il faut préférer les portes coulissantes et les portes à ouverture commandée par un bouton, une télécommande, une détection de présence, un code ou tout autre dispositif similaire (carte magnétique ou application sur Smartphone par ex.)
- Il faut adapter le type et la disposition des commandes, poignées et boutons.
- Il faut multiplier les fenêtres coulissantes (qu'on peut ouvrir sans déplacer les objets qui se trouvent sur l'appui de fenêtre).
- Le logement doit être aussi conçu de telle manière qu'il puisse être facilement adapté pour qu'une personne en chaise roulante ou même grabataire puisse y vivre et y être soignée.
- Etc.

CE QU'IL FAUT ABSOLUMENT PREVOIR :

Les solutions techniques et les détails de conceptions sont précisés au chapitre 5

1- DES SOLS SANS ENTRAVE

A l'extérieur

Le sol ou le revêtement de sol doit présenter les qualités suivantes :

- Non meuble

  Le revêtement de sol extérieur doit être stabilisé*.

  Sable et gravier sont donc exclus.

  Les sols « meubles » sont impraticables pour les personnes se déplaçant en fauteuil roulant ; ils constituent aussi une réelle difficulté pour les personnes utilisant un déambulateur ou des béquilles.
- Sans défaut majeur

  Le sol doit être uniforme** et sans obstacle à la roue ; il ne doit présenter

---

* Stabilisé : un sol ou un revêtement de sol est stabilisé s'il présente des qualités mécaniques ne variant pas sensiblement dans le temps, en fonction des conditions climatiques, dans les conditions courantes d'utilisation auxquelles il est destiné (absence de déformation au roulage ou à la marche). Réf. Norme Française P98 – 350 Février 1988, cheminements, insertion des handicapés.

** Uniforme : un sol est réputé uniforme, s'il ne présente pas d'accident de surface dans les conditions de contrôle suivantes : à l'aide d'une règle de 1 m de longueur, rectiligne, et posée à plat sur le sol successivement dans les deux directions orthogonales, tout écart constaté par rapport à la face de la règle en contact avec le sol ne doit pas être supérieur à 1 cm. Si un accident de surface de profondeur supérieur à 1 cm existe, sa largeur en plan doit en tout point être inférieur à 2 cm. Réf. Norme Française P98 – 350 Février 1988, cheminements, insertion des handicapés.

ni trou ni fente de plus de 1 cm de large. Les sols ou revêtements de sols comportant des trous ou des fentes excédant la largeur de la roue d'un landau, d'une poussette, d'un caddie, d'un fauteuil roulant ou de l'embout d'une canne entravent la circulation.

- Non glissant***
  Le caractère antidérapant du sol est essentiel pour assurer une circulation sans danger.

A l'intérieur

Le revêtement de sol doit présenter les qualités suivantes :

- Présence d'un revêtement souple et de couleur mat (facilement lavable et antichocs). Tous les sols intérieurs à usages secs et extérieurs au domaine devront répondre au moins à la norme d'anti-dérapage DIN 51091, classe A - angle d'inclinaison > 12°.
- Tous les locaux potentiellement exposés par leur usage au niveau du sol à de l'humidité ou des fluides (salle de bains, lavoir, cabine pour piscine interne, etc.) devront répondre à la même norme (DIN 51091) de classe B - angle d'inclinaison > 18°. Voir aussi chapitre 5.

2- NI MARCHE, NI RESSAUT

Dans tout l'habitat les marches et ressauts doivent être évités car ils constituent autant d'obstacles pour les personnes moins alertes ou qui se déplacent à l'aide d'un déambulateur ou en fauteuil roulant.

Ceci concerne donc :

- Les passages entre l'extérieur et l'intérieur de l'habitat et entre les espaces communs et chaque logement.
- L'accès à toutes les parties communes ;
- Tous les accès vers un jardin, une terrasse ou un balcon.

3- ABSENCE D'OBSTACLE

Les espaces de circulation doivent être suffisamment larges pour permettre le croisement de deux chaises roulantes ou d'une chaise roulante et d'un caddy.

Le mobilier et les objets d'aménagement placés dans les zones de passage peuvent constituer un obstacle gênant voire même un danger. Dans les espaces communs, ces éléments doivent être implantés à la limite ou en dehors de la largeur utile du cheminement ou être placés dans des niches. Si ce positionnement n'est pas

*** Non glissant : un sol ou un revêtement de sol est réputé « non glissant » s'il présente un coefficient d'adhérence mesuré au pendule SRT supérieur ou égal à 0.45, à l'état sec comme à l'état mouillé. Réf. Norme Française P98 – 350 Février 1988, cheminements, insertion des handicapés. Voir aussi chapitre 5.

possible, les dispositions suivantes sont à prendre :

- Hauteur de libre passage de 220 cm : une hauteur libre insuffisante constitue un danger. En intérieur, il est toléré un rétrécissement de la hauteur à 200 cm sur 50 cm. L'accès à tout espace ayant une hauteur inférieure à 200 cm doit être bloqué sur tous les côtés par des éléments fixes détectables à la canne.
- Absence d'objets saillants : la circulation des personnes dans les espaces communs ne doit pas être perturbées. Ceci concerne les cheminements extérieurs avec les bancs, les poubelles, mais aussi les espaces communs avec les radiateurs, les extincteurs, les dévidoirs, les tablettes, les boîtes aux lettres, les jardinières... Tout obstacle suspendu dépassant de plus de 20 cm du mur et à plus de 30 cm du sol doit être prolongé jusqu'au sol pour être détectable à la canne. Les nécessités techniques (caisson RIA, etc.) trouveront préférentiellement leur place dans des niches prévues à cet effet.
- Obstacle provenant du sol : tous les obstacles ponctuels (petits poteaux par ex.) doivent avoir une hauteur d'au moins 100 cm, être dépourvus d'arêtes vives, ne pas être reliés entre eux et être contrastées par rapport à leur environnement immédiat.

4- DES AIRES DE MANŒUVRE SUFFISANTES

- Les aires de manœuvre présentent diverses exigences. L'aire de rotation est la surface au sol permettant à une personne en fauteuil roulant d'effectuer aisément un changement de direction, par exemple faire demi-tour ou encore pivoter pour refermer une porte. Le logement doit pouvoir présenter des aires de rotation de minimum 150 cm :
  - devant et derrière chaque porte, hors débattement de celle-ci, sauf si la porte est coulissante ;
  - à tout changement de direction et dans les lieux tels que la cuisine, la salle de bain, le lavoir, la salle de bien-être.
- De plus, pour accéder à toute commande, une personne en fauteuil roulant doit pouvoir disposer d'une distance latérale de 50 cm (voir ci-après le critère « accès aux commandes »).
- Des aires de manœuvre complémentaires, appelées aires de transfert, sont à réserver dans certaines pièces (W-C, salle de bains) ; elles permettent le transfert latéral d'une personne en chaise roulante.

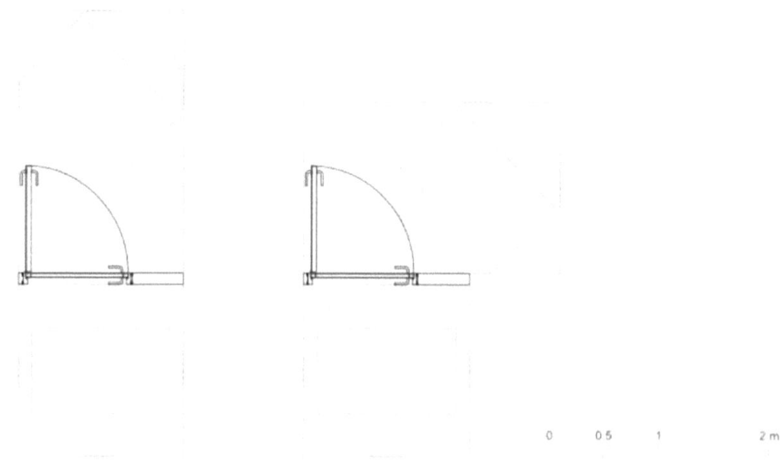

Fig. A – aire totale de 3,5 m2 à prévoir

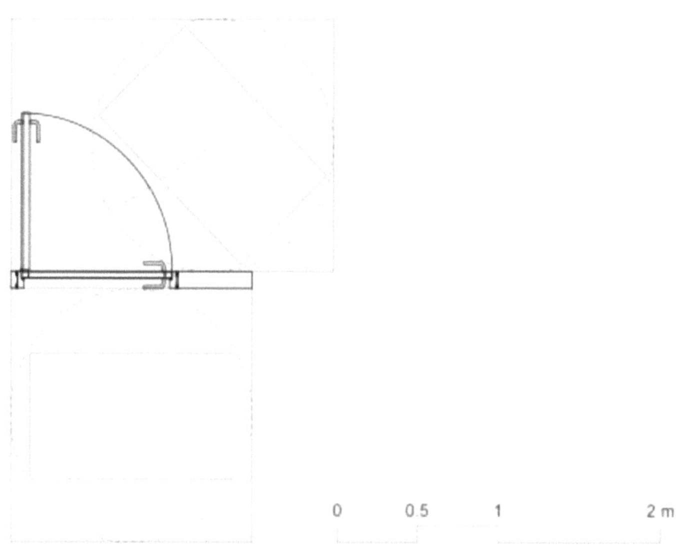

Fig. B – aire totale de 3 m2 à prévoir
(zone d'empiétement acceptable du côté intérieur d'un appartement)

5- DES LARGEURS DE PASSAGE SUFFISANTES

- L'emprise au sol (hors appartement privé et hors domaine public) doit permettre le croisement de deux chaises roulantes ; ce qui équivaut à une largeur libre au sol de 180 cm. Un rétrécissement ponctuel à une largeur de

150 cm est toléré sur une distance de 2 mètres (et une largeur de 120 cm est tolérée sur une distance de 50 cm).

- Au niveau des portes, à défaut d'autres indications, la largeur de passage nette libre doit être d'au moins 85 cm. Ce qui correspond à un panneau de porte d'au moins 93 cm et donc à une baie dans le gros-œuvre d'au moins 101cm. Les arrêts de portes muraux seront préférés aux arrêts de portes au sol.
- Pour rappel, dans les lieux communs, une aire de rotation de 150 cm doit être associée hors débattement de porte sur charnière, avec une distance latérale de 50 cm. L'aire totale de l'ensemble sera d'au moins 3,5 m2 (cf. annexe - figure A)
- A noter que devant la porte d'entrée des logements il peut y avoir une zone d'empiétement de 29 cm sur le débattement de la porte, en plus de la distance latérale nécessaire de 50 cm. L'aire totale de cet ensemble sera d'au moins 3 m2 (cf. annexe - figure B). Ces dispositions ne sont pas nécessaires si la porte d'entrée du logement est coulissante.

6- L'ACCES AISE AUX COMMANDES

Pour atteindre et actionner aisément les commandes (poignée de porte, de fenêtre, interrupteur, vanne thermostatique…), les 3 conditions suivantes doivent être remplies :

- Hauteur accessible : une personne en chaise roulante a un champ de manipulation nettement inférieur à une personne valide (entre 80 et 110 cm pour une manipulation fine, sur une profondeur de 50 cm).
- Manipulation aisée : une commande doit pouvoir être actionnée poing fermé pour répondre à ce critère. Il s'agit de commandes dont la forme permet une préhension aisée (par exemple une poignée en forme de J), même pour les personnes ayant des difficultés à maîtriser les mouvements de la main.
- Distance minimale de 50 cm de tout mur contigu, à l'intérieur du logement. Cette distance doit être disponible pour permettre à une personne en fauteuil roulant d'atteindre toute commande (clenche, interrupteur, prise, vanne thermostatique, hotte,…). A noter que les retours d'ébrasements de la baie jusqu'à la feuille de porte (ou la fenêtre) ne peuvent excéder 25 cm, pour atteindre confortablement une clenche (ou une poignée).

7- LA PREVENTION DES DANGERS

La sécurité de chacun est assurée par des éléments tels que :

- les mains courantes (aussi bien dans les circulations communes que privées) ;
- les garde-corps ;
- l'allumage automatique des lumières par détecteur de présence (plutôt que par

détecteur de mouvement afin que la lumière ne s'éteigne pas si la personne reste sans bouger) dans tous les espaces communs, les sanitaires, les cuisines et les salles de bains.

- un éclairage suffisant : pour les personnes malvoyantes, des exigences complémentaires sont définies ; il est en effet indispensable de les prévenir d'éléments architecturaux sur leur passage ou d'un risque particulier. Le travail sur les textures et les changements de couleurs permet de susciter leur attention. Cela constitue un plus pour tous.
- des repères visuels sous forme de contraste de couleurs qui sont à prévoir pour :
  - les paliers des escaliers,
  - les nez de marche,
  - les obstacles en hauteur et saillants,
  - les parois vitrées, avec des bandes colorées qui sont à placer :
    - entre 140 et 160 cm
    - entre 85 et 100 cm
    - au pied du vitrage si nécessaire
    - des repères tactiles sous forme de dalles d'éveil à la vigilance sont à positionner en haut des escaliers, en bas des escaliers, avant les traversées de voirie (il est parfois nécessaire de cumuler ces éléments sur un même espace).
- des repères lumineux et visuels (rouge/bleu) dans les jets d'eau chaude/froide, pour prévenir des brûlures étant donné l'estompement progressif des sensibilités au toucher.

8- PENSER AU CONFORT

- Les appuis des fenêtres seront de manière générale aussi bas que possible, tout en répondant au respect de la norme NBN B 03-004. Dans certaines conditions, il est possible d'obtenir des hauteurs d'appui de fenêtre à 80 cm (voire même 70 cm selon certains cas). Ces dispositions permettent de favoriser le rapport à l'extérieur et à l'horizon pour une personne assise ou alitée.
- L'usage de garde-corps vitrés ou ajourés sera privilégié, pour autant qu'ils garantissent une certaine intimité aux occupants.
- Tous les lieux intérieurs (privés et communs) seront ventilés par un système d'échangeur de calories à haut rendement entre les prises et les rejets d'air, couplé à un système de climatisation permettant d'éviter la surchauffe lors des canicules.

- Tous les lieux intérieurs (privés et communs) seront chauffés via le sol (avec ou sans chape), préférentiellement avec une thermorégulation à distance. Cette mesure vise à réduire les accès inutiles aux vannes thermostatiques des corps chauffants. Il permet aux personnes qui ne se mobilisent plus d'avoir chaud aux pieds. En cas de chute, si la personne ne peut se relever, elle ne se refroidira pas en attendant les secours.
- La conception passive (voire positive en énergie) d'un logement est recommandable. L'excellente performance thermique de l'enveloppe permettrait de chauffer tous les lieux uniquement avec la ventilation, à condition que les débits d'air soient suffisamment bas que pour ne pas présenter de gêne aux occupants.
- Tous les logements et les espaces communs et les espaces partagés (salle commune, studio d'amis commun, lavoir, etc.) devront faire l'objet d'une étude acoustique de qualité (insonorisation contre les bruits d'impact, les bruits aériens et la résonnance). Une attention particulière sera portée au niveau de la transmission des bruits via les conduites de ventilation. L'isolation acoustique renforcée entre logements permet aux personnes malentendantes de vivre sans gêner les voisins (radio ou télévision fonctionnant à haut volume…).
- L'usage de détecteurs de présence pour un allumage (à temps long) des luminaires sera généralisé dans les lieux de passage et de manipulation : accès extérieur, entrée, garages, cages d'escalier, local de rangement commun, le lavoir, l'accès aux et dans les caves, salle de bains et cuisine des logements, espaces communs de circulation, etc.). Toutefois, le jour, ces lieux seront préférentiellement éclairés par la lumière naturelle. Egalement, lorsque la sélection d'un étage est effectuée dans un ascenseur, une information d'allumage sera immédiatement envoyée au détecteur de l'étage concerné, évitant ainsi toute perception d'obscurité à l'ouverture des portes de l'ascenseur.
- L'usage d'interrupteurs à plaques basculantes réservé pour les lieux appropriés (chambre à coucher, séjour privés ou studio d'amis etc.). Ces interrupteurs devront être situés à proximité immédiate de la porte (côté poignée), et ce, à l'intérieur du local concerné par l'allumage. Leur axe se situera à 85 cm du sol. Ils seront couplés à une prise de courant située en dessous. En cas d'ajouts d'éléments supplémentaires, un alignement horizontal sera privilégié.
- Toutes les portes devront avoir une résistance à l'ouverture inférieure à 30 Newtons (3 kg*f).

9- LA SIGNALETIQUE

Au-delà des indications pour la sécurité, il est important pour tous de pouvoir se repérer dans un espace. La signalétique, à travers les pictogrammes et les textes, constitue une source d'information précieuse. Elle doit être bien définie :

- de taille adaptée,
- avec des données facilement compréhensibles,
- avec un positionnement correct.

Les contrastes de couleurs permettent aux personnes malvoyantes de s'orienter plus aisément dans l'espace par une meilleure visualisation des lignes guides naturelles. Il importe donc de distinguer divers éléments dans un espace :

- le sol par rapport au mur,
- la porte ou l'encadrement de porte par rapport au mur,
- les murs par rapport au plafond,
- les commandes par rapport au support (poignée, interrupteur…).

(voir les spécifications techniques au chapitre 5)

10- PREVOIR LES ADAPTATIONS FUTURES

L'évolutivité est un critère-clé du logement HADA : ajouter ou enlever des éléments va permettre de transformer une pièce en un local adapté à une nouvelle situation de santé (AVC avec hémiplégie par ex.). Ceci implique que ces évolutions aient été prévues dès le départ. Deux interventions doivent être envisagées dès la conception d'un tel appartement :

- Ancrages aux murs ou sols : Les parois susceptibles d'accueillir des supports stables et robustes (par exemple : barres d'appui dans les sanitaires, abattant de WC, etc.) doivent présenter une résistance minimale de 1,1 kN, appliquée dans toutes les directions et toutes les positions.
- Ancrages aux plafonds : la surface totale des plafonds de la chambre à coucher et de la salle de bains doit pouvoir être capable de recevoir une fixation robuste d'un rail de transfert éventuel et de supporter les charges des installations prévues.

Les masses dynamiques transportées (le matériel et la personne handicapée) doivent également être pris en compte.

Ces critères sont également à appliquer aux pièces dédiées aux soins éventuels (salle de bains partagées avec dispositifs de soins, piscine, etc.)

- Le démontage : L'éventuelle suppression (ou déplacement) d'une cloison, d'un panneau ou d'un module de mobilier permet de libérer une surface réservée et de la rendre disponible pour une personne à mobilité réduite.

Pour assurer le démontage aisé d'une cloison ou d'un élément de mobilier, trois conditions sont à respecter :

- o Absence de toute contrainte technique : les installations techniques ne doivent pas être positionnées dans des parois susceptibles d'être déplacées ou supprimées (chauffage, sanitaire…).
- o Continuité des finitions : la cloison sera montée après la pose du revêtement sur le sol (carrelage…), le mur (enduit, carrelage…), le plafond (enduit…).
- o Démontage aisé de mobilier : le mobilier sera simplement posé et donc aisé à déplacer.

(voir chapitre 5)

11- LES ACCES EXTERIEURS

LES CHEMINEMENTS PIETONS HORIZONTAUX

- La composition du sol des accès piétons extérieurs devra contenir la présence de câbles chauffants, en dehors du domaine public (chemins principaux et zone d'entrée). Cette mesure devra éliminer toute formation de verglas par des résistances câblées à des détecteurs d'humidité et des sondes de température pour un actionnement automatique.
- Toute grille à rainure au sol (caniveau, etc.) doit se présenter avec des fentes de moins de 1 cm de large, ces fentes (dans le sens de la longueur) doivent être disposées perpendiculairement au sens principal de déambulation, afin d'être une gêne minimale au passage d'éléments sur roues.
- Des zones de repos et de rencontre seront prévus en dehors du cheminement, avec un espace libre d'au moins 90 x 130 cm et un banc pour favoriser la causette entre les personnes, y compris celles du voisinage.

LES RAMPES D'ACCES

- Longitudinalement : les pentes de sol sont maintenues à 4cm/m (5 %) maximum sur une longueur maximale de 10 mètres. En cas d'impossibilité technique, les pentes sont tolérées dans l'ordre suivant :
  - 7 % maximum pour une longueur de 5 mètres ;
  - 8 % maximum pour une longueur de 2 mètres ;
  - 12 % maximum pour une longueur de 50 centimètres ;
  - 30 % maximum pour une longueur de 30 centimètres.

Chaque transition de pente est assurée par un palier de repos horizontal libre de tout obstacle, pourvu d'une aire de rotation de minimum 150 cm de diamètre.

- Transversalement : aucun dévers ne sera toléré (pentes transversales à 0 %).
- La largeur libre de passage de la rampe sera de minimum 120 cm

- Une bordure latérale sera située à côté du vide, d'une dimension de 5 cm de haut, prévue au sol sur toute la longueur de la rampe.
- Une main-courante (solide, sans angles vifs et continue) sera placée de part et d'autre de chaque plan incliné et palier de repos.

L'ENTREE

- L'espace extérieur devant l'entrée commune doit être protégé des intempéries (pluie et neige) en prenant compte l'orientation des vents dominants. L'espace doit être carrossable pour les transbordements occasionnels (éléments lourds et/ou fragiles) ainsi que pour de dépôt des personnes (taxi, véhicule médicalisé, etc.).
- Tout bouton (sonnettes pour parlophone) aura au moins 3 cm de diamètre et sera situé à une hauteur comprise entre 80 et 110 cm. Le placement horizontal sera privilégié.
- L'accessibilité aux boîtes aux lettres doit être garantie pour une personne à mobilité réduite, la présence d'un reposoir est obligatoire (élément pour poser ses affaires ou pour s'asseoir). On peut prévoir aussi une poubelle pour y jeter les prospectus, enveloppes et courriers indésirables.
- L'usage de portes d'entrée à tambour est interdit.
- La largeur de passage libre nette doit être d'au minimum 95 cm (feuille de porte d'au moins 103 cm), avec une hauteur libre d'au moins 200 cm.
- Les portes d'entrée dans l'habitat seront de type coulissant à ouverture motorisée commandée par un lecteur de badge ou une télécommande côté extérieur et un bouton poussoir côté intérieur.
- Le vantail doit comporter une surface minimale de vitrage transparent. La partie inférieure du vitrage doit se situer au maximum à 120 cm du sol, la partie supérieure doit se situer au minimum à 170 cm du sol. Le vitrage doit avoir une largeur minimale de 20 cm.
- Le paillasson doit être rigide, plat et encastré pour que sa face supérieure soit de même niveau que le sol du rez-de-chaussée intérieur. La texture de l'élément ne doit présenter aucune entrave à la mobilité des objets sur roues tels que chaises roulantes, déambulateurs, caddies, poussettes, etc.

LES AIRES DE STATIONNEMENT

- Obligation de disposer d'une place de parking signalée (signal "P" avec logo chaise roulante à 220 cm du sol et lignes blanches au sol) sur une surface horizontale pour parking de plus de 10 places.

- Stationnement côte à côte (voire en épi) : dimensions ayant une largeur minimale de 330 cm x 5 m de longueur. Stationnement en long : les dimensions passent à minimum 250 cm x 6 m.
  Les pentes et dévers seront inférieurs à 2 %.
- Les emplacements pour personnes à mobilité réduite doivent se trouver idéalement à proximité de l'entrée.
- Suggestion : Le projet favorisera le concept de voitures partagées afin de réduire le nombre de places de stationnement nécessaires.

Une préférence pour le matériel roulant non polluant (voiture électrique, scooter médical) sera adoptée : les bornes de recharge doivent également répondre aux règles générales d'accessibilité.

- Un espace ouvert doit être réservé à l'intérieur du bâtiment pour stationner les petits véhicules individuels électriques. Il doit être équipé d'un nombre de bornes de recharge équivalent au nombre de places de stationnement. Il doit être accessible facilement et respecter les règles générales d'accessibilité décrites pour les espaces communs.

12- LES ACCES INTERIEURS

LES COULOIRS

- L'éclairage sera uniforme, évitant en tout cas la formation de zones d'ombre. Il devra être entièrement automatique grâce à des détecteurs de présence plutôt que des détecteurs de mouvement.
- Les couloirs devront bénéficier de l'éclairage naturel grâce à au moins une porte fenêtre protégée par un garde corps ouvrable de manière à faciliter l'évacuation en cas d'incendie. Aux étages, cette porte-fenêtre doit être atteignable par la nacelle d'un véhicule d'incendie. Au rez-de-chaussée, elle doit s'ouvrir sur un chemin menant à la rue respectant les caractéristiques du cheminement d'accès pour les piétons décrites ci-dessus.
- Il doit y avoir des mains courantes de part et d'autre de tous les couloirs. Elles seront d'un diamètre compris entre 4-5 cm, avec un distance libre jusqu'au mur d'au moins 4 cm.
- Largeur de libre passage :
  - largeur de couloir : minimum 180 cm, hors obstacle fixe.
  - toutes les portes : minimum 85 cm
- On peut y prévoir des espaces dédiés à la rencontre entre voisins (bancs ou petit salon près d'une fenêtre)

LES ASCENSEURS

- Tous les niveaux de l'habitat doivent être accessibles, sans avoir recours à l'aide d'un tiers, par le moyen d'un ascenseur ou par un élévateur. L'ascenseur doit être équipé d'une porte vitrée transparente. L'élévateur doit être situé à un endroit visible depuis les lieux communs (couloirs, salle commune).
- L'accès à la cabine ne doit comporter ni marche ni ressaut (niveau uniforme : 0 cm).
- La porte de la cabine doit d'être large d'au moins 90 cm.
- La dimension minimale de la cabine est de 110 (largeur) x 140 cm (profondeur).
- Accès aux commandes :
    - boutons d'appels :
        - hauteur : entre 80 et 95 cm
        - perception : contours et flèches lumineux, boutons et chiffres en relief, dispositif vocal si nécessaire.
        - manipulation : bouton de minimum 3 cm de diamètre
    - 1ère série de boutons de commande :
        - hauteur : habituelle
        - visibilité : inscription en braille et touches de type non sensitives
        - perception : contours et flèches lumineux, boutons et chiffres en relief, dispositif vocal si nécessaire
        - manipulation : bouton de minimum 3 cm de diamètre.
    - 2ème série de boutons de commande avec téléphone :
        - hauteur : entre 80 et 90 cm, en disposition horizontale.
        - visibilité : téléphone muni d'un dispositif signalant aux personnes malentendantes qu'un interlocuteur est à l'écoute.
        - perception : contours et flèches lumineux, boutons et chiffres en relief, dispositif vocal si nécessaire.
        - manipulation : bouton de minimum 3 cm de diamètre.
    - bouton STOP :
        - hauteur : 130 cm
        - perception : contours et flèches lumineux, boutons et chiffres en relief, dispositif vocal si nécessaire.
        - manipulation : bouton de minimum 3 cm de diamètre.
    - Confort :
        - porte d'ascenseur : coulissante et automatique.
        - main courante : à 90 cm de hauteur.
        - présence d'un miroir dans la cabine : bord inférieur à min. 60 cm, bord supérieur à min. 120 cm.
        - dispositif vocal : synthèse vocale complète dans l'ascenseur.

  - système visuel : indiquant aux personnes déficientes auditives que leur appel est pris en compte et annonçant le niveau atteint.
  - l'enclenchement automatique des luminaires des paliers doit s'effectuer avant l'ouverture des portes de la cabine.
- Sécurité :
  - porte d'ascenseur : rideau 2D (bord sensible au contact)
  - signal sonore : prévient l'ouverture des portes.

LES ESCALIERS

L'accès aux escaliers doit être découragé en raison du risque de chute. L'escalier de secours dont l'accès doit être fermé par une porte coupe-feu ne sera accessible qu'en cas de panne prolongée de l'ascenseur ou d'incendie. Il doit cependant être équipé de mains courantes des deux côtés, d'un éclairage automatique, d'une signalétique bien visible et de couleurs contrastées notamment au niveau du nez de la marche menant aux paliers.

13- LE LOGEMENT

GENERALITES

- L'entrée du logement et ses espaces de vie, c'est-à-dire séjour, cuisine, chambre principale, salle de bains et toilette, bureau, se trouvent sur un même niveau.
- Le nombre de portes intérieures du logement (du séjour à la chambre, de la chambre à la salle de bains, etc.) devra être réduit au minimum. Selon nous aucune porte n'est nécessaire : un positionnement des portes de manière à limiter la vision d'une pièce à l'autre est suffisant, sauf pour le wc. Si porte il y a, elle devra être coulissantes, via une poignée d'accès et d'usage aisé.

La surface nette (hors murs) des espaces de vie dans le logement est de minimum 55 m2. (Source : Levenslang Wonen, Ontwerpsgids, Platform Wonen Van Ouderen, April 1999.) Si l'on comptabilise uniquement les locaux adaptés (chambre principale, séjour, cuisine, salle de bains et W.-C.), les 55 m2 requis sont obtenus.

- Si un lavoir commun est prévu, l'espace du logement individuel ne contiendra pas de buanderie ni d'espaces réservés à une machine à laver et un séchoir.
- Les logements destinés aux familles avec enfants ne sont pas tenus de répondre aux caractéristiques des logements HADA.
- Les pièces supplémentaires du logement (bureau par exemple) devront répondre aux caractéristiques des logements HADA.

LA VIDEO-PARLOPHONIE

Il faut prévoir un système de vidéo-parlophonie portable couvrant tout l'espace de l'habitat y compris le jardin et les caves. Ce système doit permettre de répondre à un appel de la sonnette de l'entrée de l'habitat ou de l'entrée de l'appartement, de voir et parler avec le correspondant et d'ouvrir la porte au départ de n'importe quel endroit de l'habitat. Il est particulièrement utile pour les personnes qui se déplacent avec difficulté pour aller décrocher le parlophone.

Idéalement le même appareil portable pourrait comporter des commandes de domotique permettant de régler le chauffage, de fermer les rideaux ou les stores.

Il devrait comporter aussi un système d'appel aux secours relié à une alarme centrale ou au téléphone portable de l'un ou l'autre habitant volontaire.

Ce système existe sous forme d'application pour Smartphone.

LA PORTE D'ENTREE DU LOGEMENT

- Transition sans marche ni ressaut (c'est-à-dire maintenir un niveau uniforme 0 cm)
- La porte sera de préférence coulissante avec ouverture et fermeture automatiques commandées par une carte magnétique, une télécommande ou un code. L'ouverture de la porte doit être possible en cas de panne de courant. Ce dispositif dispense de prévoir une zone de rotation.
- Pour rappel : la largeur libre de passage doit être d'au moins 85 cm (ce qui implique donc que la feuille de porte ait au moins 93 cm de large, et que la baie de gros-œuvre soit d'au minimum 101 cm).

LE SEJOUR / SALLE A MANGER

- Il ne devrait pas y avoir de mur entre le salon et la salle à manger.
- Prévoir la présence de murs périphériques en suffisance, pour y installer tous les souvenirs accumulés sous forme d'objets, de livres, ou d'album photo.
- Une étude d'implantation de mobilier standard (table, chaises, table basse, canapé/fauteuils) devra démontrer l'aisance de déambulation en chaise roulante (passage de 120 cm avec rotations possibles de 150 cm), et ce, entre les différents points-clés (accès à la porte d'entrée, à la cuisine, à une terrasse éventuelle, etc.)
- L'installation d'un lit médicalisé dans la pièce doit pouvoir être possible. Ce lit devrait pouvoir être déplacé sans entrave entre la chambre à coucher et le séjour.

LA CUISINE

- Une aire de rotation de 150 cm de diamètre, horizontale et libre de tout obstacle sera prévue hors débattement des portes du four, du lave-vaisselle, du réfrigérateur, etc.
- Les tiroirs à coulissage doux et les rangements type-pharmacie seront privilégiés, ils devront être accessible depuis un fauteuil roulant (hauteur normale de 80-110 cm ; amplitude maximale de 40-130 cm ; profondeur d'aisance de 50 cm).
- La face supérieure du plan de travail fixe pourrait être fixée à 85 cm, d'un support lisse (pour pouvoir y fixer ultérieurement des ventouses de préhension). Un complément d'une hauteur de 10 cm (tiroirs à couverts, rangement, etc.) y serait ajouté mais devra être facilement amovible, pour le cas où l'habitant développe une maladie qui le contraint à se déplacer en chaise roulante et qu'il a donc besoin d'un plan de travail moins élevé.
- L'espace sous le plan de travail fixe sous l'évier et sous la table de cuisson doit avoir au moins 70 cm de hauteur sur une largeur minimale de 85 cm. On veillera à ce que le siphon de l'évier soit installé au fond de l'espace.
- Cet espace sera occupé par du mobilier facilement amovible de manière à pouvoir dégager l'emplacement pour y placer ses jambes si la personne est en chaise roulante.
- Toutes les commandes de cuisine (poignées, prises, interrupteur de lumières, de hotte, de taque électrique, etc.) doivent se situer à hauteur du plan de travail fixe ; ils seront commandées par des interrupteur à cran et non tactiles être accessibles depuis un fauteuil roulant.
- La robinetterie sera facilement préhensible avec un mitigeur à levier, orientable, en forme de col de cygne accessible depuis un fauteuil roulant.
- Chaque cuisine devra comporter au moins une fenêtre intérieure donnant sur les espaces de circulation intérieurs (partie inférieure à une hauteur de 120 cm maximum) permettant une relation visuelle avec les espaces communs. Un câblage sera prévu pour une installation éventuelle d'un store électrique, avec commande accessible à une hauteur comprise entre 80 et 110 cm.
- La largeur de passage libre entre deux modules de mobilier sera d'au moins 90 cm,
- Le passage entre le séjour et la cuisine sera large et direct. L'intérêt de la présence d'une porte de séparation sera bien pesé. Si porte il y a elle sera coulissante.

- L'accès aux éléments techniques (tableau et/ou compteur électrique) se situera à une hauteur maximale de 150 cm.

LES ESPACES EXTERIEURS (LOGGIA, TERRASSE, JARDIN D'HIVER, ETC.)

- Les balcons et terrasses devront nécessairement être de plain-pied avec l'espace intérieur. Il ne peut donc y avoir ni marche ni ressaut entre l'intérieur du logement et les espaces extérieurs. (voir les détail techniques dans le chapitre 5).
- Leur accès se fera par une porte coulissante facilement manœuvrable avec une main et avec une commande utilisable avec le poing.
- Les espaces extérieurs devront être suffisamment vastes pour permettre une aire de rotation et une circulation aisée en chaise roulante autour des meubles de la terrasse.
- Pour rappel : la largeur minimale d'accès libre doit être d'au moins 85 cm.

LA CHAMBRE À COUCHER

- Une étude d'implantation de mobilier standard devra démontrer l'aisance possible de déambulation en chaise roulante (passage de 120 cm avec aire de rotation d'un diamètre de 150 cm), et ce, entre les différents points-clés (accès au séjour, au moins à un côté d'un lit double, accès à la salle de bain, au WC, etc.)
- Le passage entre le séjour et la chambre à coucher, entre celle-ci et la salle de bain et le WC sera large et direct.
- L'intérêt de la présence de portes de séparation entre ces espaces sera bien pesé. Si porte il y a, elle sera coulissante.
- Des interrupteurs bidirectionnels (pour luminaires principal et secondaires, volets, etc.) et des prises se situeront en ligne horizontale, à proximité du lit, à portée d'une personne alitée.
- Il faut prévoir l'emplacement et les raccordements pour l'installation d'une télévision visible depuis le lit.
- La cloison entre la salle de bains et la chambre devra être amovible facilement : absence de canalisation, tubages et gainages et posée sur revêtement fini (sol, mur, plafond). (voir chapitre 5)
- Il faut prévoir des niches/étagères à portée de main d'une personne alitée.
- Les portes de tous les placards présents devraient être coulissantes et dotées de poignées auxquelles une personne présentant des troubles de l'équilibre pourra s'accrocher.

LA SALLE DE BAINS

- L'espace libre entre l'évier, la douche, la baignoire, le WC et les rangements doit être suffisamment vaste pour permettre la déambulation en chaise roulante et permettre les différents transferts (vers le wc, la douche et la baignoire).
- L'accès depuis la chambre sera réalisé par une porte coulissante (si celle-ci est jugée indispensable), facilement démontable, sans imposte pour permettre l'installation d'un rail de transfert éventuel. (pour rappel : les plafonds de la chambre à coucher et de la salle de bain doivent être capables de supporter un telle installation. La présence de faux-plafonds n'est donc pas souhaitable. Un système de transfert de personne de son lit vers la salle de bains ou la toilette ou un fauteuil roulant via un rail fixé au plafond doit être disponible dans l'habitat et doit pouvoir être installé facilement (ancrages installés dans tous les logements).
- Surfaces réservées pour aires de manœuvre :
  - Aire de rotation : Diamètre minimum de 150 cm
  - Aire de transfert à côté du WC : minimum 110 cm x 150 cm
  - Aire de transfert à côté de la douche : minimum 110 cm x 150 cm
  - Aire d'approche le long de la baignoire : minimum 90 cm
- WC :
  - L'axe du WC sera à au moins 45 cm du mur latéral
  - Rehausse de la cuvette : évacuation compatible avec un surhaussement (à 50 cm de hauteur)
  - Renforcement des parois pour deux barres d'appui : à 35 cm de l'axe du WC et à 80 cm de hauteur (face supérieure)
- Lavabo :
  - Lavabo directement adapté : 60 cm (l), 60 cm (p) et 85 cm (h) – avec une adaptation possible à 90 cm sans lourds travaux
  - Espace réservé en-dessous : 60 cm (l), 60 cm (p) et 70 cm (h)
  - L'axe de l'évier sera d'au moins à 50 cm du bord de l'évier
  - La commande du robinet se situera à maximum 50 cm du bord avant de l'évier.
  - Siphon déporté ou encastré dans le mur, grâce à une évacuation adaptée.
- Douche :
  - De plain-pied, sans ressaut.

- Les caniveaux d'évacuation des eaux (fentes de moins de 1 cm) seront prévue en périphérie de la zone de douche, avec une pente aussi réduite que possible (moins de 1 cm par mètre)
  - Une paroi au moins devra être capable de supporter le poids d'un siège rabattable : axe à 45 cm minimum et à 50 cm de hauteur et 2 barres d'appui : à 35 cm de l'axe du siège et à 80 cm de hauteur.
  - La robinetterie à portée de main depuis le siège rabattable, activable poing fermé à une hauteur de 80-95 cm et située de façon à ce qu'une personne aidante ne soit pas exposée aux jets d'eau.
- Baignoire :
  - Largeur minimale : 70 cm ; longueur minimale : 170 cm
  -
  - Espace réservé sous la baignoire : min. 115 cm (largeur), 70 cm (profondeur) et 15 cm (hauteur), pour l'usage éventuel d'un lève-personne.
  - Haut du bord supérieur : entre 50 et 55 cm
  - Surface réservée pour plage de transfert : 60 cm (largeur), 70 cm (profondeur) et 50-55 cm (hauteur)
  - Robinet : au tiers de la longueur, partant de l'évacuation.
  - Prévoir une paroi adjacente capable de supporter 1,7 kN dans toutes les directions pour la fixation d'une barre d'appui (dans le sens de la baignoire, contrastée, d'un diamètre compris entre 3,5 et 5 cm, avec un écartement net de 4 cm et d'une longueur minimale de 120 cm) ou d'un système facilitant la sortie de la baignoire. Le câblage électrique nécessaire au fonctionnement de ce système doit être prévu.

14– LES ESPACES PARTAGES

GENERALITES

Ces lieux doivent répondre aux critères généraux d'accessibilité et d'usage.

Largeur libre de passage dans ces locaux : minimum 90 cm (baie de 106 cm)

L'équipement en mobilier et matériel (vaisselle, ustensiles de cuisine, tv, etc.) doit faire partie de l'équipement général du bâtiment.

LA CHAMBRE D'AMIS COMMUNE

L'ensemble habité doit pouvoir contenir au moins une petite unité d'habitation : studio pour 3 ou 4 personnes avec salle de bains, petit salon, et kitchenette ; cette unité sera mise à disposition de tous les habitants, moyennant une organisation régulée par l'AGH. Elle ne doit pas répondre aux caractéristiques d'un logement HADA

LES SALLES COMMUNES

- La localisation de la salle commune doit posséder au moins deux orientations solaires différentes, permettant facilement de voir et être vu par les autres habitants depuis les couloirs et/ou la porte d'entrée (et éventuellement depuis l'extérieur, afin d'interagir visuellement avec les personnes du quartier).
- La surface minimale est de 20 m2 ou doit correspondre à 3,5 % de la surface totale habitable nette des logements.
- Des connexions TV / Wifi sont à prévoir.
- Une étude d'implantation de mobilier standard dans la salle communautaire doit pouvoir démontrer la capacité de cet espace (par ses dimensions) à recevoir à table au moins l'ensemble des habitants de l'habitat et plusieurs formes de réunion (assemblée, repas collectif, jeux, projections, animations, etc.). Les espaces de stockage relatifs à ces activités (vaisselle, tables, chaises, etc.) doivent être prévus.
- Si des locaux plus réduits sont prévus pour d'autres activités (cuisine communautaire, office, bureau, infirmerie, chambre à musique, atelier d'outillage, salle d'exercice et de musculation, etc.) ; ils seront situés sur le même niveau que la salle communautaire et à proximité de celle-ci, accessibles de plain-pied et permettant la circulation aisée d'une chaise roulante (aires de rotation, ouvertures larges, portes coulissantes… etc.)
- Une étude acoustique doit démontrer la capacité de la salle à absorber les résonnances, afin de rendre audible les conversations à voix normale lors d'une occupation normale du lieu par tous les habitants. (voir chapitre 5)

LE LOCAL DE RANGEMENT COMMUN

A chaque étage il faut prévoir un local contenant.

- le matériel pour le nettoyage des espaces communs.
- un nombre suffisant de caddies, permettant le transport des charges (bagages, courses, linge,…).
- l'équipement nécessaire pour le tri et le stockage des déchets.

LE LAVOIR COMMUN

- Une étude d'implantation des différentes machines doit démontrer la capacité suffisante du lieu (en dimensions et en nombre de machines) à servir convenablement l'ensemble des habitants.
- La pièce doit être un lieu de convivialité et d'entraide agréable et spacieux. Elle devrait être munie de fenêtres généreuses donnant sur l'extérieur ou sur les espaces communs.

- L'approche du matériel de lavage et de séchage devra se faire obligatoirement de plain-pied et en perpendiculaire. Les espaces de circulation dans la pièce doivent avoir au moins 150 cm de largeur.
- Des tables pour le repassage et le pliage – avec un dégagement en dessous d'une hauteur de 75 cm – doivent être présentes à différentes hauteurs : 80-85 cm et 95 cm.
- Les machines à laver seront exclusivement à chargement frontal. Elles doivent être rehaussées, afin que la partie basse du hublot soit à minimum 80 cm du sol. Le bac de chargement du savon de lessive doit être également frontal. Les machines seront disposées côte à côte.
- L'usage des lieux doit permettre d'effectuer sans effort le transbordement du linge entre les caddies, les tables de repassage et les machines ; c'est-à-dire de même altitude d'usage (entre 80 et 95 cm de hauteur).

LA SALLE DE BIEN-ETRE

- Caractéristiques semblables aux salles de bain privées.
- Les dimensions de la pièce doivent être capable d'accueillir un système de transfert entre une chaise roulante et la baignoire, le sauna ou la table de soins.

Chapitre 5
Solutions techniques et détails de conception

Extrait du Guide d'aide à la conception d'un logement adaptable, réalisé par le consortium CSTC-CCW-CAWaB-SWL-CIFFUL avec le soutien de la Wallonie, édition du CSTC, 2008.

1 REVÊTEMENT NON GLISSANT

1.1. CADRE GÉNÉRAL

Si le choix d'un revêtement de sol antidérapant est loin d'être simple, il n'en demeure pas moins indispensable. La résistance au glissement, ou antidérapance, constitue une exigence de sécurité primordiale dans le domaine de la construction. En effet, le dérapage sur sol glissant est l'une des causes majeures d'accident à domicile.

La plupart du temps, la législation en vigueur se borne à prescrire la pose d'un revêtement de sol « suffisamment antidérapant », sans imposer aucune exigence quantitative. Cependant, les critères d'analyse associés aux trois méthodes mentionnées ci-dessous sont relativement fiables et ont été reconnus par divers organismes compétents.

1.2. MÉTHODE D'ÉVALUATION

La résistance d'un sol au glissement dépend d'un nombre appréciable de facteurs. Pour mesurer celle-ci, différentes méthodes peuvent être envisagées, mais elles ne livreront pas nécessairement les mêmes informations. Parmi les méthodes de mesure de la résistance au glissement, les plus courantes sont :

- la méthode du plan incliné définie par les normes allemandes DIN 51091 et DIN 51130 ;
- la méthode du coefficient de frottement dynamique ,

o la méthode du pendule de frottement (SRT ou Skid ResistanceTester).

La méthode du plan incliné est associée à un classement des dalles et carreaux (classes R9 à R13) : la valeur R augmente en fonction de l'accroissement de la pente pour laquelle le revêtement de sol considéré demeure praticable. Ce système de classification est destiné aux revêtements de sol conçus pour être arpentés par des personnes chaussées (voir tableau 1). Selon les normes allemandes DIN 51091 et DIN 51130, la classe d'antidérapance est déterminée par l'angle d'inclinaison pour lequel une personne peut se mouvoir en toute sécurité sur le sol considéré.

Chaque classe est associée à un domaine d'utilisation spécifique.

En ce qui concerne les locaux privés (appartements et maisons d'habitation), la pose de revêtements appartenant à la classe R9 est considérée comme satisfaisante. Toutefois, il convient d'envisager cette valeur minimale R9 avec circonspection. La classification R9 suggère en effet que l'on est en présence de carreaux antidérapants, alors qu'en pratique, un tel revêtement de sol est à peine plus sûr qu'un carreau « ordinaire ».

CLASSE	ANGLE D'INCLINAISON	APPLICATION (EXEMPLES ILLUSTRATIFS)
R9	3° - 10°	Vestibules, escaliers, bureaux, salles de classe, ...
R10	10° - 19°	Sanitaires, toilettes, buanderies, garages, aires de stationnement, ...

Tableau 1 – Classes d'antidérapance selon la norme DIN 51091.

Pour les 2 autres méthodes, il n'existe à l'heure actuelle aucun critère universel d'analyse des résultats des mesures effectuées au pendule SRT ou de détermination du coefficient de frottement. Cette lacune est imputable, d'une part, à l'application relativement récente de ces méthodes de mesure à l'étude des matériaux constitutifs des revêtements de sol et, d'autre part, à l'absence de norme communément admise pour la détermination de ces grandeurs.

COEFFICIENT DE FROTTEMENT	APPRÉCIATION
< 0,21	Très peu sûr
Entre 0,22 et 0,29	Peu sûr
Entre 0,30 et 0,42	Modérément sûr
Entre 0,43 et 0,63	Sûr
> 0,64	Très sûr

Tableau 2

Classification de Wuppertal.

En ce qui concerne le coefficient de frottement dynamique, la classification de Wuppertal est certainement la plus précise (voir tableau 2).

Pour ce qui est de la mesure SRT, la classification la plus précise est celle du United Kingdom Slip Resistance Group (voir tableau 3).

Cette méthode est préconisée par les instances européennes pour évaluer le caractère antidérapant des revêtements en pierre naturelle.

Elle est en outre reprise dans deux normes relatives aux carreaux en céramique.

Qu'ils aient été établis en fonction d'essais SRT, du coefficient de frottement, des classes R, ces critères de sécurité doivent toujours être interprétés avec la plus grande prudence : le risque de glissade ne dépend pas uniquement de la nature du sol, mais aussi de la personne concernée (âge, sexe, condition physique).

VALEUR SRT	APPRÉCIATION
< 25	Risque élevé de glissade
Entre 25 et 35	Risque modéré de glissade
Entre 35 et 65	Risque faible de glissade
> 65	Risque minime de glissade

Tableau 3

Classification selon le United Kingdom
Slip Resistance Group.

1.3. SÉCURITÉ

L'antidérapance d'un sol ou résistance au glissement est une exigence de sécurité primordiale en construction. Les sols lisses rendent en effet la marche malaisée, causant d'innombrables accidents.

L'antidérapance est fonction de quantité de facteurs : rugosité superficielle, usure, encrassement, entretien du sol… Lorsque le sol est sec, sa rugosité dépend dans une large mesure de ses propriétés d'accrochage grâce auxquelles la matière constitutive des semelles de chaussure s'accroche aux aspérités de la surface. La déformabilité du revêtement de sol et de la semelle exerce aussi une grande influence sur la résistance au glissement. Ainsi, on dérape moins avec des semelles en caoutchouc qu'avec des semelles en cuir.

La situation se complique lorsque le sol est encrassé et/ou humide.

Dans ce cas, le dérapage est dû à un manque d'adhérence induit par la présence d'un liquide ou de souillures qui ne dégorgent pas (suffisamment vite) sous la pression de la semelle ou du pied.

En d'autres termes, le film liquide ou la couche de saleté entrave le bon contact entre la semelle et la surface du sol. Souvent désigné par le terme d'aquaplanage, ce phénomène subit l'influence de divers facteurs, à savoir :

- la viscosité du liquide ;
- la nature du sol, du liquide et de la semelle de chaussure, la présence de souillures ou de liquides peut avoir un impact sur notre capacité d'anticipation intuitive de la glissance du sol, notre perception ne correspondant pas toujours à la réalité ;
- le macrorelief du sol et de la chaussure. Le risque de glissade est donc déterminé par des facteurs divers qui n'ont pas toujours un lien avec la nature du sol.

Les mesures de résistance au glissement doivent donc être interprétées avec la prudence nécessaire.

1.4. RECOMMANDATIONS

La plupart des fabricants de revêtements proposent des produits à résistance élevée au glissement, à employer dans des conditions spécifiques.

Un revêtement de sol endommagé accroît le risque de trébuchement

Ci-après quelques recommandations susceptibles de renforcer la sécurité sont formulées.

Le choix d'un revêtement de sol plus ou moins antidérapant doit s'opérer en tenant compte de la destination des locaux.

- Par exemple, la pose d'un revêtement poli dans le hall d'entrée d'un immeuble est à déconseiller, car il risque fort d'y être mouillé et de constituer un danger inacceptable pour les personnes.
- On s'abstiendra aussi de cirer des escaliers en bois ou de poser des dalles lisses dans une salle de bains. La NIT 198[*] précise en outre qu'un escalier en bois huilé ou ciré présente un plus grand danger de glissade qu'un escalier vernis.

---

[*] NIT 198 – Notes d'Information Technique : les escaliers en bois.

- Dans les zones à circulation intense, on évitera l'emploi de matériaux sensibles à l'usure, car ils deviennent très vite lisses.

Après la pose du revêtement de sol, il y a lieu de surveiller l'évolution de la résistance au glissement. Un revêtement de sol judicieusement choisi ne réclamera qu'un minimum d'entretien sans nécessiter aucun traitement complémentaire. Si l'application d'un traitement de protection supplémentaire s'impose néanmoins, il convient d'en étudier préalablement l'impact sur la résistance au glissement. A cet égard, on retiendra que les produits filmogènes ont une influence très défavorable sur la résistance au glissement.

1.5. POSE ET ENTRETIEN

Les inégalités de la surface du sol ainsi que les revêtements endommagés, décollés ou descellés augmentent les risques de dérapage et de trébuchement. On évitera donc dans la mesure du possible ces inégalités, notamment en imposant des exigences de niveau et de planéité, et en limitant les désaffleurements entre éléments du revêtement.

Compte tenu des tolérances de fabrication et de pose applicables aux différentes compositions de sol et aux revêtements utilisés, on se référera à cet effet aux Notes d'Information Technique suivantes.

- NIT 223 « Les planchers portants des bâtiments résidentiels et tertiaires ».
- NIT 189 « Les chapes pour couvre-sols. 1ère partie : matériaux – performances – réception ».
- NIT 213 « Les revêtements de sol intérieurs en pierre naturelle ».
- NIT 218 « Revêtements de sol en bois : planchers, parquets et revêtements de sol à placage ».
- NIT 165 « Code de bonne pratique pour la pose de revêtements de sol souples ».

2. NI SEUIL NI RESSAUT DEVANT LA PORTE

2.1. CADRE GÉNÉRAL

Les menuiseries extérieures (porte d'entrée) doivent satisfaire à toute une série d'exigences qui ne sont pas toujours compatibles entre-elles. L'accessibilité devra ainsi, par exemple, aller de pair avec diverses exigences en matière d'étanchéité au vent et à l'eau et éventuellement avec d'autres concernant la sécurité en cas d'incendie et la résistance à l'effraction. La mise en œuvre de certains détails, tels qu'au droit des seuils, fait appel à divers participants : l'entrepreneur de gros œuvre, l'architecte, le fabricant des menuiseries extérieures… Aussi, certaines solutions ne se limitent pas aux menuiseries, mais requièrent une approche intégrée.

2.2. *PROBLÉMATIQUE ET EXIGENCES*

Un problème identifié résulte de l'infiltration latérale au pied des murs creux suite à un abaissement du niveau du sol intérieur. Ce problème se pose surtout si le terrain est en argile. Si aucune mesure n'est prise, la pression horizontale de l'eau due à la capacité de rétention excessive de l'argile, permet à l'eau de s'infiltrer horizontalement à travers la dalle de béton et le revêtement de sol.

En ce qui concerne les toitures plates accessibles (terrasses) : pour éviter d'une part, l'infiltration d'eau de pluie entre la membrane d'étanchéité et son support et, d'autre part, l'infiltration d'eau de pluie entre le seuil et la porte extérieure, il ressort du tableau 1 qu'il convient toujours de respecter une hauteur minimale de 15 cm (pour un revêtement adhérent) et 5 cm (pour un revêtement non adhérent) entre le niveau du revêtement de sol et celui du relevé de l'étanchéité.

Si on abaisse ce relevé à 0 cm, il existe un risque d'infiltration. Pour une accessibilité optimale, une différence de niveau maximale de 0 cm est exigée bien que 2 cm est souvent toléré dans de nombreux documents de référence. Afin de pouvoir satisfaire à cette exigence, il faudra soit déroger à la règle des 5 cm ou 15 cm, soit chercher des solutions alternatives.

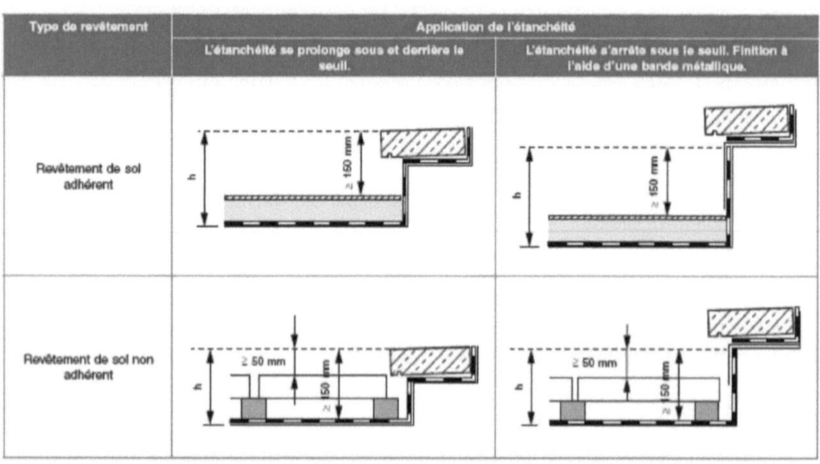

Type de revêtement	Application de l'étanchéité	
	L'étanchéité se prolonge sous et derrière le seuil.	L'étanchéité s'arrête sous le seuil. Finition à l'aide d'une bande métallique.
Revêtement de sol adhérent	h ; ≥ 150 mm	h ; ≥ 150 mm
Revêtement de sol non adhérent	h ; ≥ 50 mm ; ≥ 150 mm	h ; ≥ 50 mm ; ≥ 150 mm

Tableau 1 – Hauteur minimale à respecter selon la NIT 196.

2.3. *RACCORD ENTRE LA MEMBRANE DE DRAINAGE DU MUR CREUX ET L'ÉTANCHÉITÉ SOUS LE SEUIL*

Avec un seuil traditionnel présentant une différence de niveau entre l'extérieur et l'intérieur, la membrane de drainage permet l'évacuation de l'eau qui s'est infiltrée dans le mur creux (fig. 1). Si l'on place le seuil plus bas que la membrane de drainage, on court le risque que l'eau contenue dans le creux ne puisse être acheminée vers l'extérieur via les joints verticaux et qu'elle s'infiltre à l'intérieur au droit de la menuiserie. C'est pourquoi la membrane de drainage dans le mur creux doit être relevée latéralement aux extrémités tel qu'indiqué à la figure 2.

2.4. SOLUTIONS EN MATIÈRE D'ACCESSIBILITÉ POUR LES SEUILS

Il ressort des considérations précédentes qu'en rabaissant le niveau du seuil de la porte, ce sont principalement les risques d'infiltrations suivants qu'il convient de prévenir :

- les infiltrations latérales au pied des murs creux – infofiche CSTC N° 7 ;
- les infiltrations sous la porte d'eau de pluie provenant de la façade ;
- les infiltrations d'eau de pluie provoquées par les pluies battantes ou l'eau de pluie projetée par le vent sous la porte ;
- les infiltrations d'eau de pluie via le mur creux ou par contournement de l'éventuelle membrane d'étanchéité.

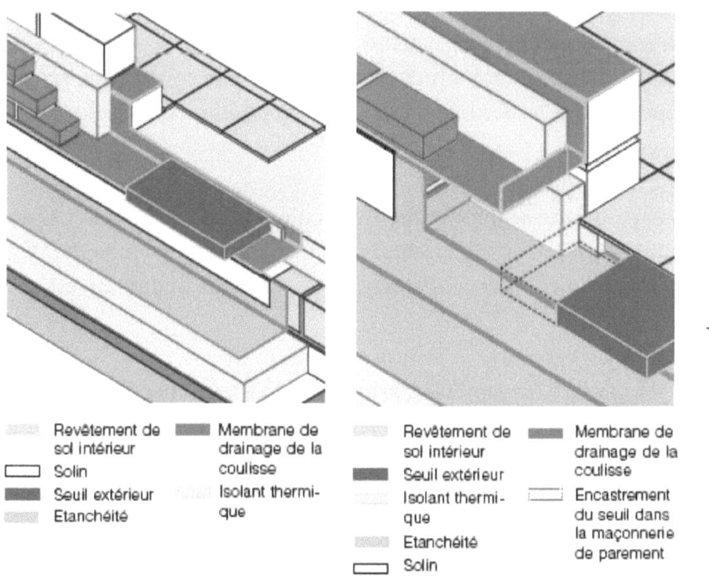

Fig.1 – Seuil traditionnel avec différence de niveau entre l'extérieur et l'intérieur.

Fig.2 – Seuil sans différence de niveau entre l'extérieur et l'intérieur avec membrane de drainage relevée latéralement.

Pour le quatrième point, une solution a été proposée au point 3, où l'attention a été portée sur la position relative de la membrane de drainage du mur creux et de l'étanchéité. On propose ci-après une série de solutions pour les deux autres points ainsi qu'un certain nombre de détails de référence.

De manière générale, différentes mesures peuvent être prises pour prévenir les infiltrations d'eau de pluie sous la porte ou le contournement du relevé d'étanchéité.

- 1. Modification de l'orientation.
- 2. Placement d'un dépassant de toiture ou d'un auvent.
- 3. Mise en place d'un système de drainage et d'évacuation des eaux de pluies récoltées au pied du seuil.
- 4. Conception spécifique des menuiseries extérieures.
- 5. Développement d'un certain nombre de nouveaux produits (cf. pays voisins).

1. Modification de l'orientation

Le risque d'infiltration d'eau de pluie augmente en fonction de l'orientation et de l'exposition de la façade. En ce qui concerne l'orientation, en Belgique, ce sont les façades orientées vers le sud-ouest qui sont les plus fréquemment confrontées aux pluies battantes et aux infiltrations d'eau. L'une des premières dispositions à prendre pour réduire le risque d'infiltration d'eau de pluie consiste dès lors à privilégier le positionnement des menuiseries intégralement accessibles sur les façades peu exposées (orientation vers l'est, par ex.).

Remarque : même lors d'une orientation nord-est, il y a toujours une infiltration d'eau possible, seule la fréquence du vent est moindre ; le tout est de voir en fonction des circonstances si une légère infiltration est acceptable ou non.

2. Placement d'un dépassant de toiture ou d'un auvent

Le placement d'un dépassant de toiture ou d'un auvent constitue une mesure appropriée si l'on souhaite prévenir les infiltrations d'eau sous une porte extérieure traditionnelle. Un tel auvent véhicule tout d'abord toute l'eau provenant de la façade en dehors de la zone critique située sous la porte (ceci uniquement à supposer que l'auvent soit raccordé de manière étanche à la façade). La seule charge restante provient alors des pluies battantes qui peuvent éventuellement s'abattre de façon directe sur la menuiserie (en fonction notamment des dimensions de l'auvent) ou de la pluie qui peut tomber sur le revêtement de sol extérieur ou le seuil et qui est ensuite projetée en direction de la porte. Cette charge peut être fortement réduite par la mise en place d'une grille (voir aussi le point 3) et d'une pente suffisante de 2 % (au niveau du revêtement de sol – à partir de la porte).

Le fait de doter le dessous de la porte d'un larmier suffisamment dimensionné peut également s'avérer positif (fig. 3).

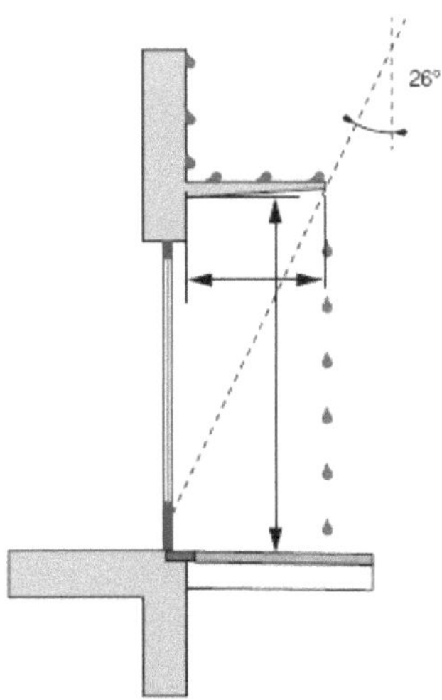

Fig.3 – Auvent acheminant l'eau de pluie provenant de la façade.

3. Mise en place d'un système de drainage et d'évacuation des eaux de pluies récoltées au pied du seuil.

Si les mesures précédentes n'ont pu être prises ou s'il existe encore un risque important de sollicitations dues à la pluie, il convient d'empêcher l'accumulation d'eau au pied du seuil. Pour ce faire, le principe consiste à prévoir un dispositif de récolte ouvert (caniveau, grille…) associé à un système de drainage horizontal et/ou vertical.

Nous présentons ci-après quelques règles générales de conception à suivre afin de ne pas entraver l'accessibilité du bâtiment.

a. Choix de la grille

Qu'il s'agisse de grilles à mailles ou de celles à rainures, la largeur des mailles ne peut dépasser 1 cm (fig. 4 et 5).

Fig.4 - Grille à mailles.

Fig.5 - Grille à rainures.

b. Revêtement de sol imperméable avec couche drainante devant la porte Afin de rendre l'entrée accessible, la surface doit être suffisamment large et dure. Le revêtement de sol est en outre toujours placé en pente (2 % en partant de la porte). Dans le cas d'un revêtement de sol ouvert et non adhérent, il y a toujours lieu de placer des gargouilles sous le niveau du revêtement de sol, de sorte qu'une obstruction éventuelle de l'écoulement de l'eau de pluie puisse être réparée à temps.

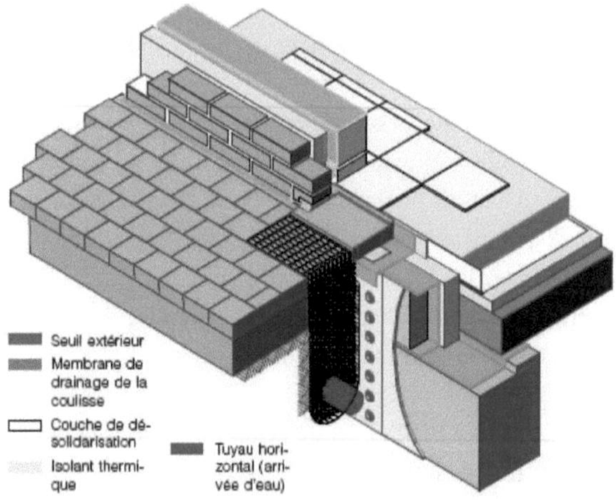

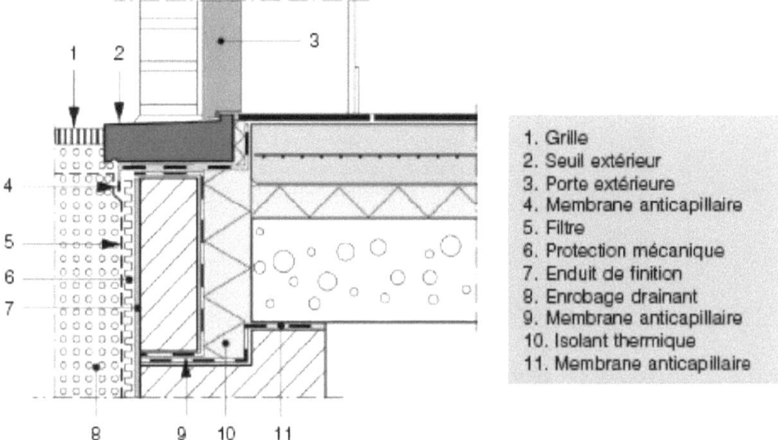

Porte ouvrant vers l'extérieur.

4. Conception spécifique des menuiseries extérieures

Voici une proposition pour la mise en œuvre des menuiseries extérieures satisfaisant tant aux exigences d'accessibilité qu'à celles relatives aux performances d'étanchéité à l'eau et à l'air. Celle-ci demande cependant certains commentaires ou précisions.

- Un dispositif de rejet d'eau doit être prévu au raccord haut de la porte avec le gros œuvre et ce, afin de limiter le risque d'infiltrations au droit du joint horizontal supérieur.
- La manœuvre de la porte par grands vents peut être délicate pour les façades fortement exposées. De plus, il n'est pas toujours possible d'installer une porte ouvrant vers l'extérieur.
- Les caractéristiques de la grille sont à déterminer en fonction des recommandations précitées.

Fig.6 – Exemple de fenêtre Alumat ®

Exemple de seuil contribuant directement à l'étanchéité à l'eau et à l'air de l'ensemble menuisé associé à une ouverture télécommandée.

5. Développement d'un certain nombre de nouveaux produits dans nos pays voisins

- En Allemagne, des grilles en pente sont souvent utilisées afin de permettre de déroger aux recommandations en vigueur concernant la différence de niveau à maintenir entre le seuil et le revêtement de sol extérieur. Ces grilles disposent de pieds réglables en hauteur. Ces grilles doivent être suffisamment larges pour limiter la pente et empêcher qu'une chaise roulante ne bascule en arrière. Le profilage de la traverse inférieure de la porte-fenêtre ou de la fenêtre coulissante joue également un rôle non négligeable.
- Une société allemande a mis au point un profilé permettant la construction d'un ouvrage totalement exempt de barrières. Le principe d'étanchéité est basé sur deux contacts magnétiques assurant le raccord au moment de la fermeture de la porte ou de la fenêtre coulissante. Les infiltrations d'eau de pluie sont ainsi acheminées dans la partie inférieure du sol de la terrasse via des évidements dans le profilé inférieur (fig. 6).

3. SIGNALÉTIQUE ET CONTRASTES DE COULEURS

3.1. PARTICULARITES DE LA SIGNALISATION

Il convient de veiller non seulement à l'éclairage des locaux, mais aussi à la qualité de la signalisation de certaines installations ou zones présentant un danger pour les personnes. Nous percevons les objets quand nous les regardons directement, mais également quand le regard est fixé ailleurs. En effet, l'œil enregistre la présence d'objets dès que le regard s'en approche suffisamment. La zone dans laquelle nous percevons les objets est appelée zone d'incidence. Celle-ci dépend de la taille, de la couleur et de la forme de l'objet ainsi que de la mesure dans laquelle celui-ci se distingue de son environnement. Si le regard n'est pas dirigé vers la zone d'incidence, nos yeux doivent bouger pour percevoir l'objet en question. Les différences de niveau et les éléments présentant un danger (portes vitrées, par ex.) doivent être correctement signalés afin de minimiser les risques de faux pas et d'accidents.

Lorsque nous marchons normalement, notre regard se porte essentiellement sur l'environnement et nous ne voyons généralement le sol que du coin de l'œil. Dans certains cas, par contre, nous fixons directement le sol (comme, par exemple, au départ d'un escalier roulant), car nous anticipons un risque de chute. C'est pourquoi les faux pas sont surtout à mettre sur le compte des différences de niveau et des obstacles qui n'ont pas été perçus par l'œil. Il est possible de limiter ce risque en plaçant un contraste de couleurs sur le nez des marches de l'escalier ou des marquages contrastants sur les portes vitrées.

Le prescrit légal ou normatif est peu abondant en ce qui concerne la signalisation à mettre en place dans les logements particuliers ou collectifs, hormis la signalisation de sécurité mentionnée dans les normes NBN EN 1838 et NBN ISO 3864[*].

Pour faciliter la compréhension, il est convenu d'associer une couleur de fond avec un type d'indication.

- Fond bleu pour de l'information.
- Fond blanc pour de l'information d'orientation.
- Fond vert pour de l'information de sécurité.
- Fond jaune pour de l'information de danger.
- Fond rouge pour de l'information d'urgence.
- Fond marron pour de l'information touristique.

---

[*] NBN EN 1838 – Applications d'éclairages : éclairage de sécurité.
NBN ISO 3864 – Couleurs de sécurité et signalisation lumineuse de sécurité.

3.2. *SIGNALÉTIQUE*

Il s'agit de « tout dispositif fournissant à l'usager des indications de sécurité ou des informations lui permettant de cheminer aisément ».

a. Généralités des panneaux signalétiques

- Placement :
  - visible, à des emplacements stratégiques ;
  - ne peuvent encombrer le libre passage ;
  - sur pied, ne peuvent constituer un danger pour les personnes déficientes visuelles.
- Eclairage :
  - panneaux uniformément éclairés ;
  - pas d'effet d'éblouissement, de reflets ou de contre jour.
- Support :
  - mat, ne réfléchissant pas la lumière.
- Homogénéité de l'information :
  - même style (type de pictogrammes, police des textes, supports, etc.) utilisé de manière cohérente dans l'ensemble du bâtiment.

b. Information sous forme de pictogrammes – lisibilité

- Préférer les pictogrammes aux informations textuelles.
- Privilégier le placement de pictogrammes compréhensibles par tous (s'ils existent normalisés).
- Utiliser les pictogrammes de manière homogène dans le bâtiment.

Hauteur du panneau de signalisation	
• 2,20 m – grande distance de lecture • 1,40 et 1,60 m – petite distance de lecture	
Epaisseur et dimension	
Epaisseur de trait minimale :	0,5 mm de trait par mètre de distance d'observation
Dimension minimale du détail significatif	: 1 mm de détail significatif par mètre de distance d'observation
Grandeur du pictogramme	
Grandeur nécessaire pour assurer la lisibilité du pictogramme :	12 mm par mètre de distance d'observation

Grandeur nécessaire pour assurer la perception du pictogramme :	25 mm par mètre de distance d'observation
Ecartement maximal pour une perception optimale :	250 mm par mètre de distance d'observation

Source – ISO/TR 7239 : 1984 – Élaboration et principes de mise en œuvre des pictogrammes destinés à l'information du public.

Exemple de détail significatif.

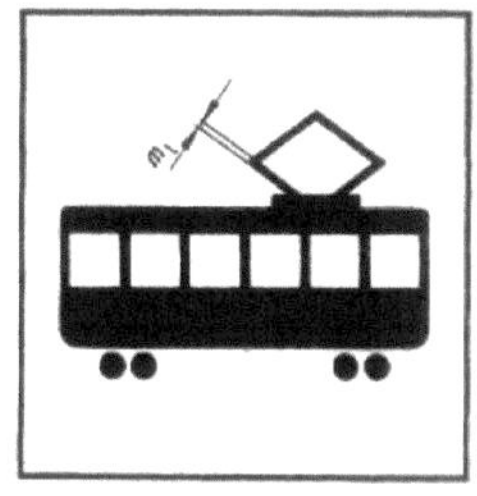

Exemple d'épaisseur de trait de détail significatif.

NOTE – Lorsque le niveau d'éclairement à un emplacement donné est bas, ou lorsque l'environnement local est particulièrement complexe, il y a lieu d'envisager l'augmentation de la grandeur du pictogramme ou la diminution de l'angle d'écartement. Dans le cas où la perception immédiate du pictogramme est très importante, ou lorsque le pictogramme est situé en dessous du niveau normal de l'œil, il peut être aussi nécessaire d'augmenter la grandeur visuelle.

Ecartement maximal (X) pour des pictogrammes relatifs à des dangers ou d'autres risques importants : 80 mm par mètre de distance d'observation.

Grandeur minimale du pictogramme permettant d'assurer une bonne perception de celui-ci : 25 mm par mètre de distance d'observation.

Ecartement

15°

5°

Axe de vision

15°

Distance d'observation

Ecartement maximal (X) pour des pictogrammes ne concernant pas des risques : 250 mm par mètre de distance d'observation.

Grandeur minimale du pictogramme permettant d'assurer une bonne lisibilité de celui-ci : 12 mm par mètre de distance d'observation

Distance d'observation, grandeur du pictogramme et écartement par rapport à l'axe de vision normal.

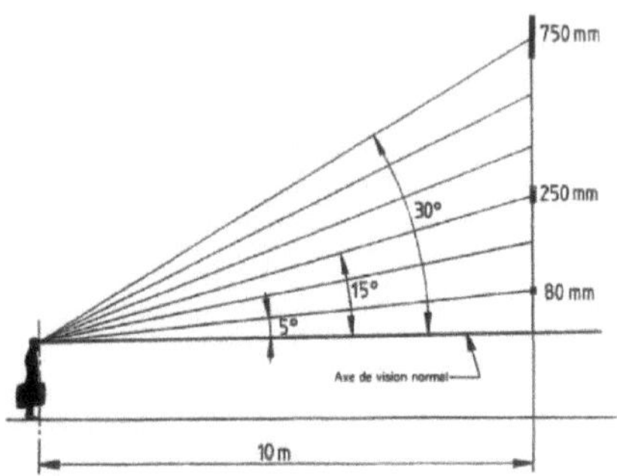

NOTE – Un pictogramme de 80 mm pour un écartement de 5° devrait devenir un pictogramme de 15° et un pictogramme de 750 mm pour un écartement de 30° si l'on veut lui conserver le même degré de lisibilité.

Augmentation de la grandeur requise en fonction de l'écartement (X).

c. Information sous forme de texte – lisibilité

Caractéristiques de la police :

- Simple ;
- Sans fioriture ;
- Unie (sans contours) ;
- Espace net entre les mots ;
- D'une couleur contrastant avec le fond.

<table>
<tr><th colspan="3">Hauteur du panneau de signalisation</th></tr>
<tr><td colspan="3">• 2,20 m – grande distance de lecture
• 1,40 et 1,60 m – petite distance de lecture</td></tr>
<tr><th colspan="3">Grandeur des caractères</th></tr>
<tr><td>Le rapport entre la largeur et la hauteur des caractères :
• entre 3 : 5 et 1 : 1 ;
• de préférence, de 3 : 4
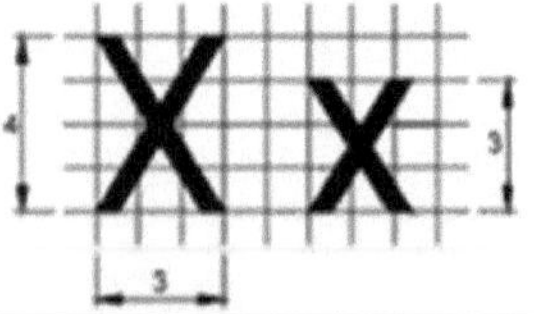
</td><td colspan="2">Le rapport entre la largeur du trait et la hauteur du caractère doit être entre 1 : 5 et 1 : 10
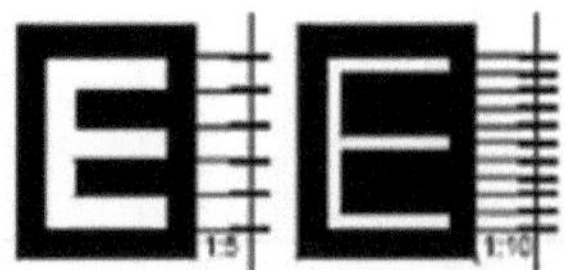
</td></tr>
<tr><th colspan="3">Hauteur des caractères / distance de lecture</th></tr>
<tr><td>Distance d'observation</td><td>Taille des lettres (une seule ligne)</td><td>Dimension du logo ou pictogramme</td></tr>
</table>

m	mm	mm
1	30	50
2	60	100
5	150	250
10	300	500
Couleurs et contrastes		
Bonne combinaison de couleur : noir-blanc, bleu-blanc et noir-jaune		

3.3. CONTRASTES DE COULEURS

Pour les personnes présentant des déficiences visuelles, les contrastes de couleur sont utiles pour favoriser le discernement dans un local :

- sol / murs ;
- sol / escalier ;
- murs / plafond ;
- porte / mur ;
- commandes (poignée, interrupteur…) / environnement immédiat.

On recommande généralement des teintes claires pour les plafonds et les zones proches des sources lumineuses, des couleurs légèrement plus sombres pour les murs et des surfaces nettement plus foncées pour le sol. Ainsi, pour les chambranles et les portes, il est conseillé de prévoir une couleur qui tranche sur celle des murs. Le même principe s'applique aux poignées et vantaux de porte, aux appareils sanitaires…

Un niveau suffisant de contrastes entre couleurs d'avant-plan et d'arrière-plan est essentiel à l'orientation des malvoyants.

Le contraste entre deux surfaces est fonction de leur coefficient de réflexion respectif. Il représente la différence entre l'indice de réflexion de la lumière de l'élément à repérer et l'indice de réflexion de la lumière de sont environnement. Un bon contraste doit être ≥ 70 %.

Pour les murs, le sol et les portes, le contraste attendu entre les couleurs de deux surfaces adjacentes doit être ≥ 70 %. La règle de calcul est la suivante :

$$Contraste(\%) = \frac{(B_1 - B_2)}{B_1} \times 100$$

B1 = indice de réflexion de la lumière de la couleur pâle

B2 = Indice de réflexion de la lumière de la couleur foncée

Les couleurs à indices de réflexion élevée de la lumière sont utilisées pour les murs et les plafonds.

Teintes	% de réflexion	Teintes	% de réflexion
Rouge	15	Rose	30
Jaune	71	Brun	14
Bleu	15	Noir	08
Orange	34	Gris	19
Vert	17	Blanc	85
pourpre	18	beige	61

Tableau 1 : Indice de réflexion de la lumière des couleurs nommées.
Source : Arthur, P. (1988). Orientation et points de repère dans les édifices publics, Survol. p. 84.

Le tableau 2 indique le contraste, en pourcentage, entre différentes couleurs nommées. Dans le cas de surfaces déjà peintes, l'utilisation d'un photomètre est recommandée afin de mesurer précisément l'indice de réflexion de la lumière des couleurs en place.

	beige	blanc	gris	noir	brun	rose	pourpre	vert	orange	bleu	jaune	rouge
Rouge	78	84	32	38	7	57	28	24	62	13	82	0
jaune	14	16	73	89	80	58	75	76	52	79	0	
Bleu	75	82	21	47	7	50	17	12	56	0		
Orange	44	60	44	76	59	12	47	50	0			
Vert	72	80	11	53	18	43	6	0				
Pourpre	70	79	5	56	22	40	0					
Rose	51	65	37	73	53	0						
Brun	77	84	26	43	0							
Noir	87	91	58	0								
Gris	69	78	0									
Blanc	28	0										
beige	0											

Ne pas utiliser	
Acceptable	
Cas limite	

Tableau 2 – Contraste, en pourcentage, entre différentes couleurs nommées.

4. CONFORT ACOUSTIQUE

4.1. CADRE GÉNÉRAL

A l'époque où les logements publics ont été construits, notre environnement était bien moins bruyant et le trafic nettement moindre qu'aujourd'hui ; sans parler des voisins, qui ne possédaient ni installation stéréo assourdissante, ni home cinema et écoutaient une musique aux fréquences moins basses. Aussi, les personnes présentant une déficience auditive peuvent dans une même mesure occasionner de façon non intentionnelle des nuisances sonores qui se propagent vers les logements adjacents (volume de la télévision élevé, bruits de choc…) lorsqu'une bonne isolation acoustique fait défaut.

Le bruit se propageant essentiellement à travers la structure de l'immeuble, il est primordial de considérer les aspects d'isolation acoustique en amont du projet de construction, donc au moment de la construction du logement adaptable et non lors de son adaptabilité.

Certaines dispositions architecturales peuvent aider à solutionner ce problème. Par exemple, il faut veiller à :

- une bonne isolation acoustique entre logements d'un même immeuble ;
- une bonne qualité acoustique des locaux (par ex. limitation de la réverbération).

Il également important de prendre en compte l'isolation acoustique des logements vis-à-vis de l'extérieur (le bruit de fond est toujours très gênant pour les porteurs d'appareil auditif).

La norme NBN S 01-400-1 relative aux critères acoustiques pour les immeubles d'habitation fixe les exigences auxquelles doit répondre un bâtiment achevé, qu'il s'agisse de l'isolation aux bruits aériens, de l'isolation aux bruits de choc, de l'isolation des façades, du bruit produit par les équipements techniques ou de la limitation de la réverbération de certains locaux. Les critères définis dans cette norme sont à considérer comme des règles de bonne pratique. Les exigences de la norme sont l'expression technique des desiderata des occupants d'un logement neuf, en l'occurrence en matière de confort acoustique.

La norme distingue deux niveaux de confort acoustique :

- un confort normal destiné à satisfaire une majorité de gens (70 % des utilisateurs) sans occasionner de surcoûts ;
- un confort supérieur dont les exigences s'appliquent lorsque les initiateurs du projet de construction (maître d'ouvrage…) expriment explicitement des souhaits spéciaux en ce sens, lorsque ces exigences sont remplies, on estime le pourcentage d'occupants satisfaits à plus de 90 %.

Dans le cadre d'un logement destiné à accueillir une personne présentant une déficience auditive, on préconise de tendre vers le second niveau fixé par la norme, à savoir un confort acoustique supérieur.

4.2. PERFORMANCES DES ÉLÉMENTS EN LABORATOIRE ET IN SITU

Les exigences acoustiques sont imposées sur les performances acoustiques mesurées sur site du bâtiment achevé. Elles sont donc tributaires de l'isolement acoustique des parois de séparation mais aussi de la limitation de la transmission du bruit par les voies latérales (murs et planchers perpendiculaires aux parois de séparation).

L'isolation aux bruits transmis par ces voies latérales est d'autant plus problématique que les exigences sont sévères. L'estimation de leur effet peut se déterminer par calcul afin de permettre de connaître l'isolement réellement ressenti sur site. Au vu des critères de la norme, la prise en compte de leur effet est incontournable, que ce soit pour atteindre le confort normal et encore plus, pour le confort supérieur.

Les performances acoustiques d'un bâtiment (telles que l'isolement aux bruits aériens entre deux locaux, par exemple) peuvent être déterminées sur la base de modèles de calcul européens (normes de la série EN 12354) à partir des performances de ses différents composants, qui, elles, ont été caractérisées en laboratoire (indice d'affaiblissement acoustique des parois). Toutefois, vu la complexité de ces modèles de calcul, il est souhaitable de faire appel à l'expertise d'un acousticien lorsque le maître d'ouvrage souhaite un confort acoustique « supérieur ».

Une autre possibilité consiste à appliquer des directives de construction (telles que celles formulées par le CSTC) ou à adopter des solutions proposées par les fabricants. Cependant, le moindre défaut de conception ou d'exécution est susceptible de pénaliser considérablement l'isolation acoustique ; par exemple il faut en effet savoir que, pour pouvoir atteindre une performance de 58 dB, la puissance sonore émise doit être divisée par un facteur de près d'un million avant d'arriver dans le local de réception.

Pour mettre en place des solutions efficaces, il importe que l'architecte prévoie un espace suffisant pour le mur mitoyen et le plancher situés entre appartements, l'un et l'autre devant idéalement disposer d'une épaisseur d'au moins 30 cm.

4.3. LES SOLUTIONS CONSTRUCTIVES RÉPONDANT AUX EXIGENCES POUR L'ISOLEMENT AUX BRUITS AÉRIENS

La solution du mur creux sans ancrage permet d'atteindre de manière relativement simple les critères acoustiques demandés entre habitations mitoyennes (isolement aux bruits aériens supérieur à 58 dB pour le confort normal). Cette solution n'est néanmoins pas immédiatement transposable aux immeubles à appartements en raison de l'importante transmission latérale le long de la parois séparative vers les appartements adjacents ainsi que vers ceux des étages supérieur et inférieur. C'est d'ailleurs en partie pour cela que les exigences relatives aux appartements sont moins strictes que celles applicables aux maisons mitoyennes.

Si on applique cette technique de la double paroi sans ancrage aux immeubles à appartements, la prise en compte des directives suivantes sera alors nécessaire :

1. la mise en œuvre de parois d'une masse surfacique supérieure à 250 kg/m^2 ;
2. l'encastrement des dalles de plancher (d'une masse aussi élevée que possible) dans les parois des murs ;
3. une jonction non rigide des cloisons intérieures non portantes avec la paroi continue du mur creux sans ancrage ;

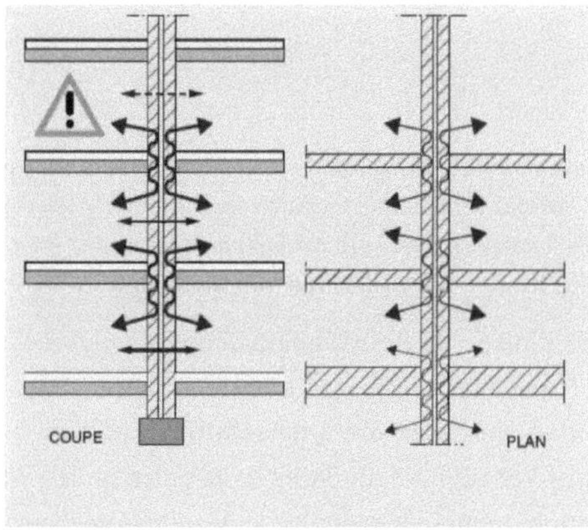

En raison de leur épaisseur, les parois creuse sans ancrage peuvent être à l'origine d'une importante diffusion latérale du bruit, tant verticalement (coupe) qu'horizontalement (plan).

4. enfin, pour empêcher toute transmission latérale entre appartements adjacents, le placement d'une cloison de doublage de part et d'autre du mur séparatif de chaque appartement.

Pour les appartements, il est également possible d'envisager des structures massives qui permettent de réaliser de bonnes performances acoustiques. Pour ce faire, les murs et planchers séparatifs entre appartements doivent disposer d'une masse surfacique suffisante, adaptée à la nature de la structure (jonctions, volume des locaux, superficie des murs…) ; quant aux cloisons intérieures, elles doivent être scindées des murs et des planchers séparatifs.

La mise en œuvre judicieuse d'une cloison de doublage acoustique devant un mur séparatif permet de réduire considérablement la transmission directe du bruit. Cette solution peut également être appliquée pour empêcher la transmission latérale ou, inversement, pour protéger les parois latérales contre les bruits incidents. La pose de cloisons de doublage devant tous les murs d'un local, sous le plafond et sur le plancher (chape flottante, par ex.) aboutit en fait à réaliser ce que l'on appelle un système « boîte dans la boîte », lequel peut amener dans certaines configurations à un isolement aux bruits aériens supérieur aux recommandations de la norme.

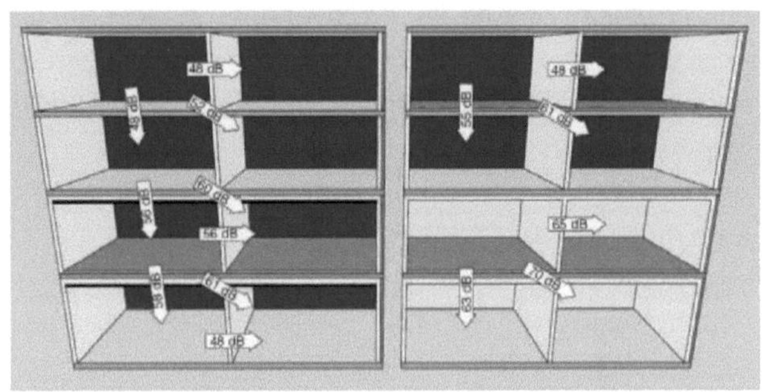

La pose de cloisons de doublage acoustique permet d'améliorer sensiblement une situation acoustique défavorable (appartements en haut, à gauche).
En bas, à droite, les appartements ont été dotés d'une structure formant un système « boîte dans la boîte ».

Idéalement, une cloison de doublage possède une masse suffisamment élevée, se compose d'un matériau souple (plaques de plâtre revêtues de carton, par exemple), dispose d'un large espace intercalaire rempli de matériau absorbant (laine minérale par ex.) et est indépendante de la paroi qu'elle recouvre, comme du reste de la construction (structure métallique désolidarisée, par ex.) mises au point en usine et susceptibles de conférer des performances proches des valeurs de confort acoustique supérieures.

4.4. L'ISOLATION AUX BRUITS DE CHOC DES PLANCHERS HOMOGÈNES

Les bruits de choc trouvent leur origine dans un contact direct entre une source et la structure du bâtiment. Du fait de leur énergie considérable, ces bruits peuvent se propager très loin dans l'ossature du bâtiment et être perçus bien au-delà des locaux adjacents à la source. Une protection efficace contre les bruits de choc est donc indispensable, notamment au regard des valeurs d'isolation exigées dans la nouvelle norme NBN S 01-400-1 : 2008.

La réduction des bruits de choc dans les bâtiments repose essentiellement sur deux techniques :

- soit la réduction du bruit à la source (revêtement de sol souple ou flottant) ;
- soit la limitation de sa propagation.

Exemple de solution proposée par les fabricants.

La norme stipule que les exigences en matière de niveau de bruit de choc standardisé L'nT, w sont des valeurs maximales admissibles qui ne peuvent être dépassées quel que soit le choix pour la finition du sol, la réduction du bruit de choc par des revêtements souples n'est donc pas une option en Belgique !

La solution par excellence consiste dès lors à créer une coupure dans le chemin de propagation de l'onde vibratoire vers la structure. Cette coupure s'opère en pratique par la réalisation d'un système flottant.

Cette technique est devenue incontournable dans la construction des appartements puisqu'elle permet de rendre l'isolement aux bruits de choc pratiquement indépendant du choix du revêtement.

Le principe de la chape flottante revient à réaliser une chape (humide ou sèche) reposant sur une sous-couche acoustique posée sur une surface plane (chape d'égalisation sur les conduites). Plus encore que le choix de la sous-couche acoustique, c'est surtout le soin apporté à sa mise en œuvre qui garantit l'efficacité du système. La moindre déchirure dans cette sous-couche au moment de réaliser la chape finale ou le moindre contact entre la chape et la structure (ponts acoustiques au niveau du passage des conduites de chauffage, contact de la chape, du revêtement de sol ou même des plinthes avec les murs latéraux) anéantira irrémédiablement l'effet d'isolation aux bruits de choc. Pire encore, le système ainsi neutralisé se comportera comme un ensemble qui détériorera également l'isolement aux bruits aériens.

En ce qui concerne le choix de la sous-couche acoustique, il existe sur le marché de nombreux produits dont les performances acoustiques varient sensiblement en fonction de l'épaisseur et de la souplesse du matériau. On retrouve ainsi des sous-couches composées de laine minérale, de mousse de polyuréthane souple, de mousse de polyéthylène, de liège, d'élastomères, de mousse de polystyrène…

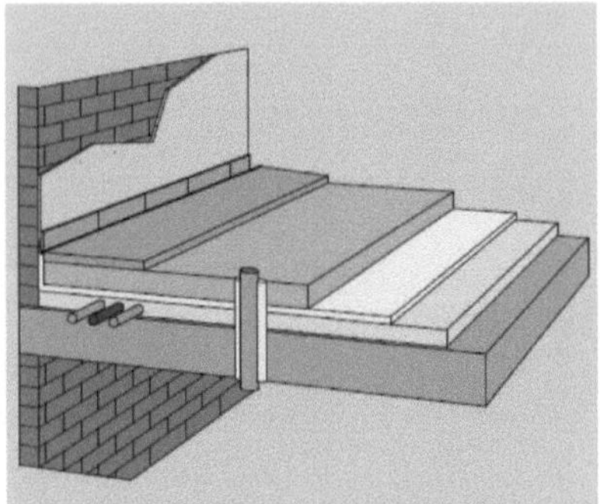

Principe de la chape flottante.

4.5. LOGEMENT ADAPTABLE

En terme d'adaptabilité du logement, parmi les éléments à prendre en compte citons :

- l'absence de cloison, plus les lignes de vue sont ouvertes d'un espace à l'autre, plus la communication est aisée ;
- des aides techniques lumineuses doivent avertir des résidents sourds des alarmes incendie. Il existe également de nombreuses aides techniques sonores, tactiles ou visuelles.

Les principales sont pour la télévision :

- transmetteur à infrarouge ;
- boucle à induction magnétique ;
- décodeur de télétexte pour l'accès au sous titrage.

pour le téléphone :

- flash lumineux avertisseur de sonnerie.

pour le logement :

- alarmes visuelles ou vibrateurs pour être averti des sonneries aux portes, du téléphone…
- réveils lumineux ou vibrants.

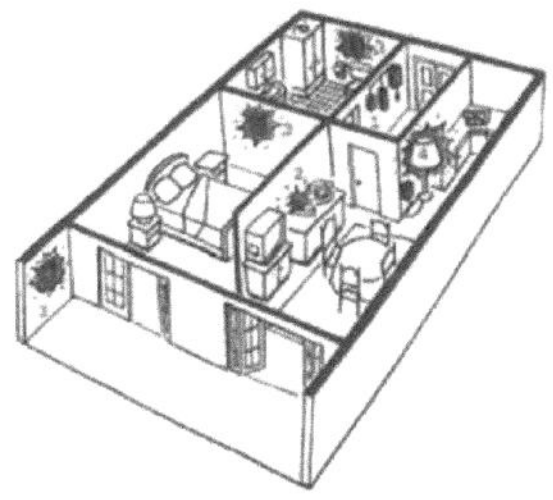

1. Récepteur-avertisseur pour sonnette et interphone.
2. Emetteur-avertisseur pour téléphone.
3. Récepteur-avertisseur avec flashes.
4. Récepteur-avertisseur pour lampe (la lampe clignote).

5. CLOISONS DÉMONTABLES

5.1. CADRE GÉNÉRAL

Transformer un logement adaptable en un logement adapté passe en tout premier lieu par la modification des dimensions de certaines pièces et donc, par le déplacement ou la suppression d cloisons massives et légères. C'est pour cette raison qu'il est utile d'opter, dans le cas de la construction de logements adaptables, pour un système constructif par éléments porteurs (poteaux, par ex.) avec un cloisonnement indépendant permettant une flexibilité plus grande de l'espace.

La pose de cloisons démontables dans le logement est une alternative intéressante aux cloisons massives constituées de blocs de ciment, de béton cellulaire, etc., pour permettre d'adapter ultérieurement un logement.

Ces travaux d'adaptation (démontage / remontage) provoquent un surcoût inévitable, comme les raccords de peinture sur plafond, de revêtements de mur et de sol. Ces opérations de démontage / remontages seront effectuées dans le respect des instructions du fabricant. L'enlèvement d'une cloison démontable ne peut occasionner de dommages aux éléments voisins (décollement des revêtements de murs et de sol, par xemple). Des traces telles que décolorations, fixations, trous de vis, empreintes laissées par un revêtement de sol, etc. ne sont pas considérées comme des dommages aux éléments voisins. Dans certains cas, comme pour la séparation entre W.-C. et salle de bains, il est intéressant de prévoir une cloison démontable placée après la pose des carrelages de sol et de mur, ne laissant aucune trace lorsqu'on la supprime, à l'exception de la peinture du plafond.

Les cloisons légères contribuent, par leurs propriétés et leur aspect, au caractère fonctionnel, à l'esthétique et au confort d'utilisation du bâtiment. Leur réalisation fait appel à des techniques relativement simples offrant à tout moment flexibilité et gain de temps à chacun, qu'il soit entrepreneur ou utilisateur.

5.2. *CHAMP D'APPLICATION*

Les cloisons considérées sont des parois verticales légères non porteuses qui délimitent les volumes intérieurs du logement (cloisons séparatives) ou sont rapportées contre la face intérieure d'un mur ou d'une autre cloison (cloisons de doublage). Elles sont composées de panneaux ou de plaques généralement fixés sur des montants ou d'autres dispositifs.

Remarque : les cloisons mobiles, coulissantes, en portefeuille ou accordéon ne sont pas abordées ici.

Les cloisons évoquées ici couvrent la hauteur totale des pièces, du sol au plafond, ce qui exclut les cloisons de mi-hauteur, cloisonnettes, paravents et autres garde-corps. Leur hauteur maximale correspond en général à une hauteur d'étage.

Les cloisons démontables comportent éventuellement :

- une finition (peinture, papier peint…) ;
- des ouvertures permettant l'installation de portes et d'autres composants mobiles. Sauf mention contraire du fabricant dans l'agrément technique européen, les composants à mettre en place dans les ouvertures ne font pas partie de la cloison et doivent être évalués en fonction des exigences applicables (STS 53.1 pour les portes intérieures, et STS 52.0 pour les fenêtres).

Les cloisons démontables ne sont conçues en principe que pour recevoir des canalisations électriques (les autres réseaux étant placés dans le plénum du plafond ou du plancher). Leur démontabilité est tributaire de l'intervention de l'installateur électricien.

On veillera donc à ce que les installations techniques (électricité, chauffage, plomberie) ne soient pas positionnées dans des parois susceptibles d'être déplacées ou supprimées.

L'uniformité des revêtements de sol au sein d'un même logement est un atout dans le cas d'une adaptation, en premier lieu parce qu'elle permet le déplacement ou la suppression de cloisons sans devoir changer le revêtement du sol et ensuite. Néanmoins, afin de limiter au maximum le déplacement des cloisons, certaines dispositions de pièces sont à prévoir dès la conception du logement adaptable.

5.3. *TYPES DE CLOISONS LÉGÈRES DÉMONTABLES*

Les cloisons démontables se classent selon leur fonction, leur conception et leurs possibilités de réemploi.

Composée de modules, la cloison démontable (fig. 1) peut être entièrement démontée et réinstallée dans les mêmes conditions, sans perdre ses propriétés et sans nécessiter d'opérations autres que le déplacement éventuel de certains modules et le remplacement d'éléments auxiliaires tels que joints d'étanchéité ou fixations.

On distingue deux types de cloisons démontables.

- La cloison bibloc (fig. 2) : avec ou sans ossature, ses éléments ou modules, composés de deux parois parementées indépendantes, sont assemblés par juxtaposition et peuvent éventuellement être fixés par des connecteurs.
- La cloison monobloc (fig. 3) : cloison constituée ou non d'une ossature. Ses éléments, juxtaposés et éventuellement fixés par des connecteurs, sont composés, soit de panneaux montés en atelier pouvant intégrer un remplissage isolant ainsi que des accessoires (panneaux sandwichs), soit de panneaux de même épaisseur que la cloison (panneaux de particules épais ou cannelés, panneaux de verre, etc.).

Fig. 1 – Ossature d'une cloison démontable.

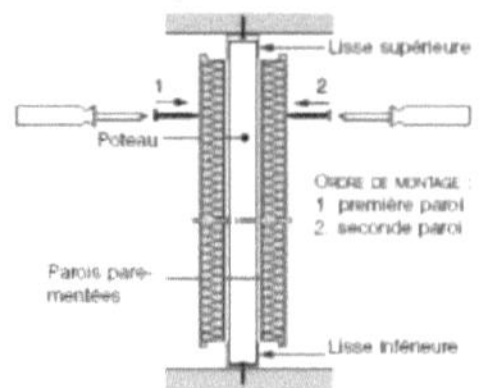

Fig. 2 – Exemple de cloison bibloc.

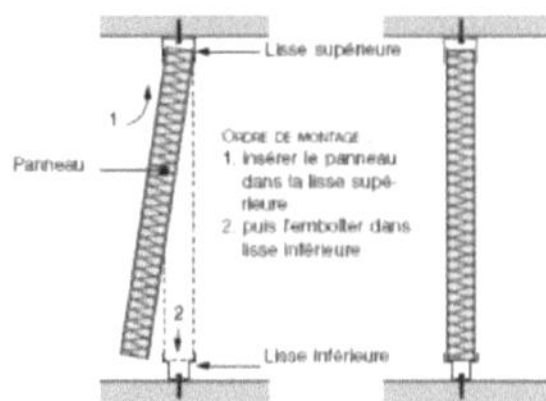

Fig. 3 – Exemple de cloison monobloc.

5.4. EXIGENCES APPLICABLES AUX CLOISONS DÉMONTABLES

Si l'effondrement d'une cloison légère n'est pas de nature à compromettre la stabilité du bâtiment ou d'un de ses éléments structuraux, il peut néanmoins avoir des conséquences pour la sécurité des utilisateurs. C'est pourquoi des critères tels que la charge de rupture, la résistance aux charges dynamiques, etc... liés à la sécurité d'utilisation doivent être pris en compte. Les performances applicables aux cloisons démontables sont précisées au tableau ci-dessous par exigence essentielle.

Exigences essentielles	Performances
1. Résistance mécanique et stabilité	-(*)
2. Sécurité en cas d'incendie	Réaction au feu Résistance eu feu
3. Hygiène, sante et environnement	Emission de substances toxiques Perméabilité à l'eau et à la vapeur d'eau
4. Sécurité d'utilisation	Défaillance structurale et fonctionnelle
5. Protection contre le bruit	Isolement aux bruits aériens et aux bruits secs
6. Economie d'énergie et isolation thermique	Résistance thermique et comportement hygrométrique
7. Autres exigences	Résistance aux rayures et abrasions
(*) pour les éléments non structuraux, telles les cloisons légères, il y a lieu de se référer à la sécurité d'utilisation	

Performances applicables aux cloisons démontables.

5.5. SÉCURITÉ D'UTILISATION ET APTITUDE À L'EMPLOI

- Sécurité d'utilisation ou résistance à la défaillance structurale :
  les cloisons légères doivent présenter une résistance mécanique et une stabilité suffisantes pour garantir la sécurité des occupants ; elles doivent être aptes à supporter les charges statiques ou dynamiques accidentelles provenant de l'action de personnes ou d'objets, sans subir d'effondrement total ou partiel.
- Aptitude à l'emploi ou résistance à la défaillance fonctionnelle :
  la cloison doit avoir une robustesse suffisante pour conserver son intégrité sans subir de détérioration apparente ni de déformation excessive et sans donner l'impression d'un manque de stabilité ; en outre, les cloisons destinées à la pose d'un carrelage exigent une plus grande rigidité pour préserver l'intégrité du revêtement.

Catégories d'usage et catégorie de charge

Le Guide d'agrément technique européen n° 003 définit quatre catégories d'usage des cloisons légères selon le type d'utilisateur présent dans l'unité de vie et selon le risque d'accident ou d'abus d'utilisation propre au local.

Ces catégories d'usage sont basées sur celles spécifiées dans la partie 1.1 de l'Eurocode 1.

On distingue également deux catégories de charges pouvant être supportées par la cloison :

- a : objets lourds tels que lavabo, petite étagère…
- b : objets très lourds tels que chaudière, grande étagère…

Selon l'utilisation et la destination de la cloison, le donneur d'ordre spécifiera la classe requise :

- catégorie d'usage I, II, III ou IV,
- catégorie de charge a ou b.

Les exigences relatives à la résistance des cloisons à la défaillance structurale et fonctionnelle dépendent de la catégorie d'usage de la cloison, de son emplacement, de sa hauteur et de la nature des matériaux constitutifs (parois vitrées ou opaques). Afin d'évaluer globalement la robustesse de la cloison, le Guide d'agrément européen n° 003 distingue ainsi :

- la résistance aux charges dynamiques (impacts) ;
- la résistance aux charges verticales excentrées ;
- la résistance aux charges ponctuelles.

5.6. LES CINQ TYPES DE PERFORMANCES REQUISES POUR LES CLOISONS LÉGÈRES

Les points d'attention relatifs aux caractéristiques et exigences performantielles des cloisons légères, qu'il s'agisse de cloisons séparatives ou de cloisons de doublage sont de 5 types.

1. Charge dynamique d'un corps lourd et mou.

   L'impact d'un corps lourd mou représente l'action d'une personne qui heurte accidentellement la cloison en tombant.

   - Résistance à la défaillance structurale : la résistance des cloisons au choc d'un corps lourd et mou est déterminée sur la base de la procédure d'essai décrite dans la norme NBN ISO 7892 ; le choc est obtenu par la chute pendulaire d'un sac de 50 kg.
   - Résistance à la défaillance fonctionnelle : idem.

2. Charge dynamique d'un corps dur

   La charge représente l'action d'un objet dur indéformable – comme le coin d'un meuble, par exemple – qui heurte accidentellement la cloison.

- o Résistance à la défaillance structurale : la résistance des cloisons au choc d'un corps dur est également déterminée sur la base de la procédure d'essai décrite dans la norme NBN ISO 7892 ; le choc est obtenu, cette fois, par la chute pendulaire d'une sphère d'acier de 1 kg (fig. 4).
- o Résistance à la défaillance fonctionnelle : idem.

3. Charge verticale excentrée (fig. 5)

   La charge représente l'action d'un objet lourd (lavabo, petite étagère…) ou très lourd (chaudière, bibliothèque…) soutenu principalement par la cloison.

   - o Résistance à la défaillance structurale : la résistance d'une cloison à une charge verticale excentrée est déterminée à l'aide de la procédure d'essai décrite dans la norme ISO/DIS 8413.
   - o Résistance à la défaillance fonctionnelle : idem.

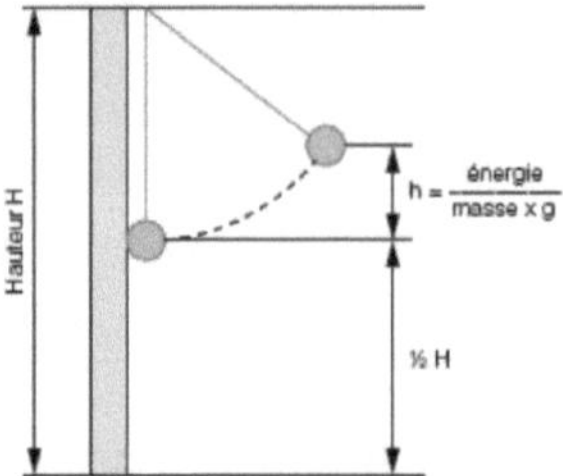

Fig. 4 – Dispositif d'essai pour l'évaluation de la résistance au choc d'un corps dur.

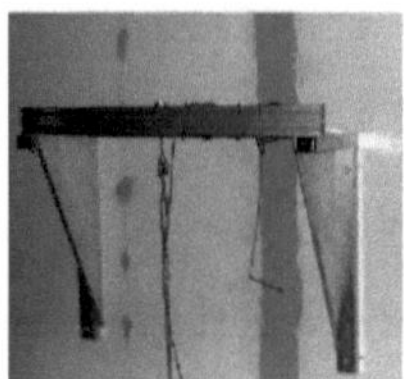

Fig. 5 – Dispositif d'essai pour l'évaluation de la résistance à une charge verticale excentrée.

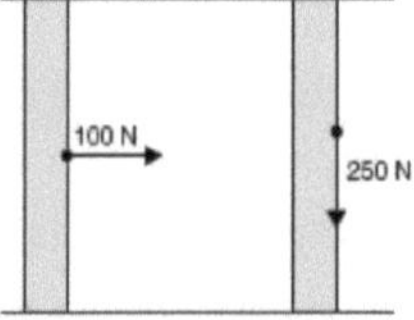

Fig. 6 – Dispositif d'essai pour l'évaluation de la résistance sous charge ponctuelle.

4. Résistance à la défaillance fonctionnelle sous charge ponctuelle parallèle ou perpendiculaire à la surface (fig. 6)

   La capacité d'une cloison à supporter de petites charges statiques est évaluée à l'aide d'un essai réalisé selon la norme ISO/DIS 8413. Les charges ponctuelles représentent l'action d'objets légers tels que des tableaux, des lampes ou de petits meubles suspendus à la cloison.

5. Sécurité contre les blessures par contact

   Ce type de performance est parfois requis dans le but d'éviter aux occupants d'être blessés (écorchures…) par la cloison en conditions d'utilisation normales ou d'aggraver les blessures d'une personne qui heurte accidentellement la cloison en tombant.

Type d'essai		Catégorie d'usage (cf. tableau 12, p. 19)	Charges	Critères d'évaluation
Impact d'un corps lourd et mou	Défaillance structurale	I	1 x 100 Nm	Pas de pénétration, pas d'effondrement ni d'autre détérioration dangereuse.
		II	1 x 200 Nm	
		III	1 x 300 Nm	
		IV a	1 x 400 Nm	
		IV b	1 x 500 Nm	
		IV c	1 x 900 Nm	
	Défaillance fonctionnelle	I	3 x 60 Nm	Déformation maximale résiduelle ≤ 5 mm. Pas de défaillance fonctionnelle. La déformation résiduelle entre chaque choc doit être décroissante.
		II	3 x 120 Nm	
		III		
		IV		
	Cloison destinée à recevoir un carrelage	I, II, III et IV	3 x 120 Nm, suivis de 1 x 240 Nm	Déformation maximale pendant le choc ≤ 3 mm. Déformation maximale résiduelle ≤ 2 mm. Pas de détérioration. La déformation résiduelle doit se stabiliser.
Impact d'un corps dur	Défaillance structurale	I à IV	1 x 10 Nm en plusieurs points	Pas de pénétration complète ni d'autre détérioration dangereuse.
	Défaillance fonctionnelle	I et II	1 x 2,5 Nm	Pas de défaillance fonctionnelle.
		III et IV	1 x 6 Nm	
Charge ponctuelle – Défaillance fonctionnelle		I à IV	100 N (perpendiculaire) 250 N (parallèle)	Pas d'arrachement ni de défaillance fonctionnelle.
Type d'essai		**Catégorie de charge**	**Charges et dispositif**	**Critères d'évaluation**
Charge verticale excentrée	Défaillance structurale	a	1000 N pendant 24 h à 0,3 m de la surface de la cloison, sur des équerres séparées de 0,5 m fixées chacune en deux points distants de 0,15 m sur un axe vertical	Pas d'effondrement ni d'autre détérioration dangereuse. La déformation résiduelle doit se stabiliser au cours de l'essai.
		b	4000 N pendant 24 h à 0,3 m de la surface de la cloison, sur des équerres séparées de 1,0 m fixées chacune en deux points distants de 0,6 m sur un axe vertical	
	Défaillance fonctionnelle	a	500 N (court terme) à 0,3 m de la surface de la cloison, sur des équerres séparées de 0,5 m fixées chacune en deux points distants de 0,15 m sur un axe vertical	Déformation maximale : 1/500 de la hauteur ou 5 mm. Pas de défaillance fonctionnelle.
		b	2000 N (court terme) à 0,3 m de la surface de la cloison, sur des équerres séparées de 1,0 m fixées chacune en deux points distants de 0,6 m sur un axe vertical	

Performances et critères d'évaluation des cloisons légères soumises aux essais de résistance structurale et fonctionnelle.

Références bibliographiques

- Etude Habitat & Vieillissement, Olivier Masson & Damien Vanneste-UCL (2015)
- Guide d'aide à la conception d'un appartement adaptable – Région wallonne (2006)
- Guide d'aide à la conception d'un bâtiment accessible – Wallonie-Bruxelles (2015)
- Antenne-norme parachèvement – essai de revêtement de sol – CSTC (2009)
- Rapport sur l'impact des règles d'accessibilité dans la construction de appartements neuf –
- Syndicat de l'Architecture (France, 2012)
- L'appartement adapté ou protégé – Canton de Vaud (Suisse, 2011)
- Lavoir adapté : http://www.lavomatique.fr/spip.php ? page=articles&id_article=19

Remerciements

Cet ouvrage n'aurait pas vu le jour sans les conseils et/ou l'aide financière de

– La Région Wallonne,

– La commune de Malmedy,

– La commune de Stavelot,

– La commune de Lierneux,

– La commune de Stoumont,

– Le Cifful de l'Université de Liège,

– Le professeur Olivier Masson de la faculté d'architecture de l'Université Catholique de Louvain,

– Le professeur Damien Vanneste de la faculté de sociologie de l'Université Catholique de Lille,

– Monsieur Leroy de l'asbl Abbeyfield,

– Madame Laurence Braet et Farima Diakité de l'asbl « Habitat et participation »,

– Monsieur Thibaut Moulaert de « Villes Amies des Aînés »,

– Madame Jessica Marchal de l'AVIQ,

– Madame Brisak du Cabinet du Ministre Prevot,

– L'asbl « Senoah »,

– Le docteur Ph. Royaux médecin généraliste échevin de l'urbanisme de la Ville de Malmedy,

– Madame Elisabeth Guillaume échevine des affaires sociales de la ville de Stavelot,

– Monsieur Pierre Gobiet, psychologue,

– Madame Isabelle Bastin de la commission communale des handicapés de Malmedy,

– Madame Myriam Doneux, responsable du service d'aides familiale d'ASD,

– Madame Agnes Remacle, infirmière à domicile,

– Le docteur Christophe Dumont, médecin gériatre, chef, de service adjoint du Grand Hôpital de Charleroi,

– Le docteur Sandrine Mathieu, médecin gériatre, cheffe du service de gériatrie du CHR East Belgium,

– Messieurs Gehlen et Goblet de Gehlen-Immo,

– Monsieur Jean Collard,

– Le rotary club de Malmedy,

Table des matières

Printed by Books on Demand GmbH, Norderstedt / Germany